交通职业教育教学指导委员会推荐教材
全国交通高级技工学校、技师学院汽车维修专业教学用书

汽车维修专业技师教材

汽车电控悬架检修

● 封桂炎 主编 ● 张茂国 主审

人民交通出版社

内 容 提 要

本书是交通职业教育教学指导委员会推荐教材，也是汽车维修专业技师教材。由交通职业教育教学指导委员会汽车（技工）专业委员会根据全国交通技师学院汽车维修专业教学计划与教学大纲，以及交通行业职业技能规范和技术工人等级标准组织编写而成。

本书内容主要包括：电控悬架系统概述、电控悬架系统故障诊断与排除的自诊断法、电控悬架系统故障诊断与排除的电路测试法，共3个单元。

本书供全国交通高级技工学校、技师学院汽车维修专业教学使用，也可作为相关行业岗位培训或自学用书，同时可供汽车维修技术人员阅读参考。

图书在版编目(CIP)数据

汽车电控悬架检修/封桂炎主编.—北京：人民交通出版社，2007.5

ISBN 978-7-114-06476-0

Ⅰ.汽… Ⅱ.封… Ⅲ.汽车-电子控制-车悬架-车辆修理-高等学校：技术学校-教材 Ⅳ.U472.41

中国版本图书馆CIP数据核字(2007)第041592号

书　　名： 汽车电控悬架检修
著 作 者： 封桂炎
责任编辑： 智景安
出版发行： 人民交通出版社
地　　址： （100011）北京市朝阳区安定门外外馆斜街3号
网　　址： http://www.ccpress.com.cn
销售电话： （010）59757969，85285656
总 经 销： 北京中交盛世书刊有限公司
经　　销： 各地新华书店
印　　刷： 北京密东印刷有限公司
开　　本： 787×960　1/16
印　　张： 4
字　　数： 53千
版　　次： 2007年5月第1版
印　　次： 2010年9月第3次印刷
书　　号： ISBN 978-7-114-06476-0
印　　数： 7001~9000册
定　　价： 8.00元

交通职业教育教学指导委员会
汽车（技工）专业指导委员会

前 言

为贯彻落实《国务院关于大力发展职业教育的决定》以及教育部等六部门《关于实施职业院校制造业和现代服务业技能型紧缺人才培养培训工程的通知》精神，适应汽车工业飞速发展和汽车运用与维修专业技能型紧缺人才培养的需求，交通职业教育教学指导委员会汽车（技工）专业指导委员会组织全国交通高级技工学校和技师学院专业教师，按照《全国交通技师学院汽车维修专业教学计划与教学大纲》以及汽车维修技师职业标准的要求，编写了汽车维修专业技师教材，供全国交通高级技工学校和技师学院汽车维修专业教学使用。

本系列教材总结了全国交通高级技工学校、技师学院多年来的专业教学经验，注重以学生就业为导向，以培养能力为本位，教材内容符合汽车维修专业教学改革精神，适应汽车维修行业对技能型紧缺人才的要求，具有以下特点：

1. 采用计划叠加方式构建技师教材体系。全国交通高级技工学校通用教材中的《汽车发动机电控系统检修》等7门专项高级技能训练教材，由本次编写出版，也可与汽车维修专业技师教材配套使用。在此基础上增加了《汽车维修案例分析》等7门维修管理及维修经验类教材，形成了一套完善的汽车维修专业技师教材体系。

2. 教材内容与技师等级考核相吻合，便于学生毕业后适应岗位技能要求。

3. 教材注重实用性，体现先进性，保证科学性，突出实践性，贯穿可操作性，反映了汽车工业的新知识、新技术、新工艺和新标准，其工艺过程尽可能与当前生产情景一致。

4. 教材体现了汽车维修技师应知应会的知识技能要求，更注重了汽车维修传统经验与现代维修技术的有机结合。

5. 教材文字简洁，通俗易懂，以图代文，图文并茂，形象直观，形式生动，容易培养学生的学习兴趣，提高学习效果。

《汽车电控悬架检修》是专项高级技能训练教材之一，内容包括：电控悬架系统概述、电控悬架系统故障诊断与排除的自诊断法、电控悬架系统故障诊断与排除的电路测试法3个单元，举例以具有代表性的丰田凌志LS400、LS430电控悬架为主，检修方法和步骤具有很强的实用性，通过专项训练为学生毕业后从事高级轿车的维修奠定良好的基础。

本书由广西交通高级技工学校封桂炎担任主编（编写单元二的课题二和单元三）；参加编写的有：广西交通高级技工学校周茂杰（编写单元一和单元二的课题一）；全书由山东省交通技术学院张茂国担任主审。

由于编者的经历和水平有限，加之汽车维修技师教材是首次编写，教材内容难以覆盖全国各地的实际情况，希望各教学单位在积极选用和推广本套教材的同时，注重总结经验，及时提出修改意见和建议，以便再版修订时改正。

交通职业教育教学指导委员会

汽车（技工）专业指导委员会

2007年2月

目 录

单元一　电控悬架系统概述

知识目标

1. 正确描述电控悬架系统的总体构造和工作原理。
2. 正确描述系统的各项功能。
3. 正确描述传感器、执行器故障产生的原因及检修原理。

技能目标

1. 能熟练检查电控悬架系统的各项功能。
2. 熟练进行传感器和执行器的检修。

课题一　电控悬架系统概述

悬架属于汽车底盘组件，影响乘坐的舒适性和操纵的稳定性。悬架一般由弹簧、减振器和导向装置三部分组成，弹簧的作用是承受垂直载荷，缓和不平路面引起的冲击，其性能用刚度来衡量；减振器的作用是吸收弹性元件起落时的振动能量，平息振动，其性能用阻尼力来衡量；导向装置对车轮的跳动起到导向的作用。

传统悬架的弹簧刚度和减振器阻尼力是按经验或优化设计确定，悬架参数一经选定就不可调节，而电控悬架系统则能够根据车辆运动状态和路面情况，对悬架的刚度、阻尼力以及车身高度等参数进行适时调节，大大提高了乘坐舒适性和操纵稳定性。

电控悬架系统的形式有很多种，常见的有电子控制空气弹簧悬架系统、电子控制油气弹簧系统、带路况预测传感器的主动式悬架系统等，目前在豪华轿车、赛车、越野汽车及大客车中都有装用电控悬架系统的例子。

一、电控空气弹簧悬架系统

丰田公司的凌志 LS400、LS430 轿车，福特公司的林肯。城市轿车和三菱公司的格兰特（GALANT）轿车等采用了电控空气弹簧悬架系统。

1. 系统组成

电控悬架系统的组成与汽车上其他电控系统相似，都是由信号输入、电子控制单元（ECU）、执行器三部分组成。

图 1-1 是凌志 LS400 电控悬架的原理框图。

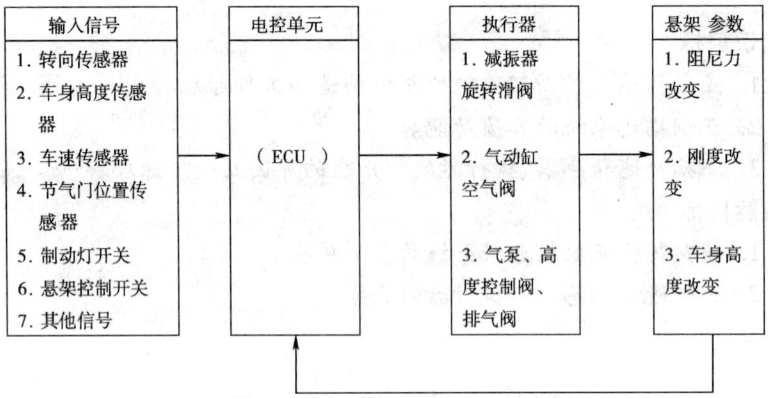

图 1-1　凌志 LS400 电控悬架系统控制方框图

2. 系统各部件的作用

（1）输入信号

转向传感器的作用是检测汽车转弯方向和转向角度，用于抑制汽车急转弯时的侧倾。

车速传感器信号与转向传感器信号一起用来计算车身侧倾程度。

车身高度传感器用来检测因路面不平而引起的悬架位移量，间接测量汽车车身高度。

节气门位置传感器用于检测节气门的开启角度和开启速度，获取汽车加速度信号，用作防止汽车加速时车身后仰的控制。

制动灯开关信号用来作为防止汽车制动“点头”控制的一个起始状态。

悬架控制开关包括减振器与空气弹簧模式选择开关、车身高度控制开关。

（2）电控单元（ECU）

电控单元对传感器输入的电信号进行综合处理，向执行器发出控制指令。

(3)执行器

悬架控制执行器的作用是根据需要把减振器调节到软、中、硬 3 种不同阻尼状态,把空气弹簧调节到软、中、硬 3 种不同刚度状态。

车身高度执行器包括空气压缩机、高度控制阀、排气阀等,它们用来调节空气弹簧的长短达到升高和降低车身的目的。

3. 各部件的安装位置

不同车型悬架系统的组成不同,各部件在车上的安装位置也不同,图 1-2、图 1-3 分别是 LS400 和 LS430 轿车电控悬架系统元器件安装位置图。

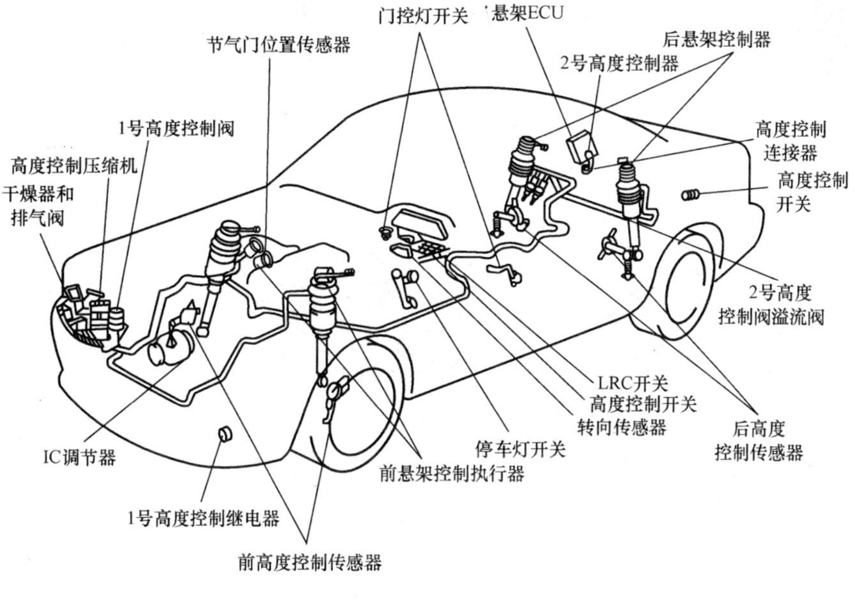

图 1-2　LS400 电控悬架系统元器件安装位置图

4. 弹簧刚度控制和减振器阻尼控制的工作原理

凌志 LS400 的悬架系统将空气弹簧与减振器并联布置制成一体,图 1-4 为悬架结构示意图。空气弹簧是在密封的气压缸中充入压缩空气,利用空气的可压缩性实现其弹性作用的,ECU 通过控制安装在悬架顶部的悬架控制执行器,调节气压缸的主气室和副气室的有效工作容积,获得弹簧软、中、硬 3 种刚度,此外 ECU 还通过控制悬架执行器,调节减振器内的节流孔的开度大小,获得减振器软、中、硬 3 种阻尼状态。

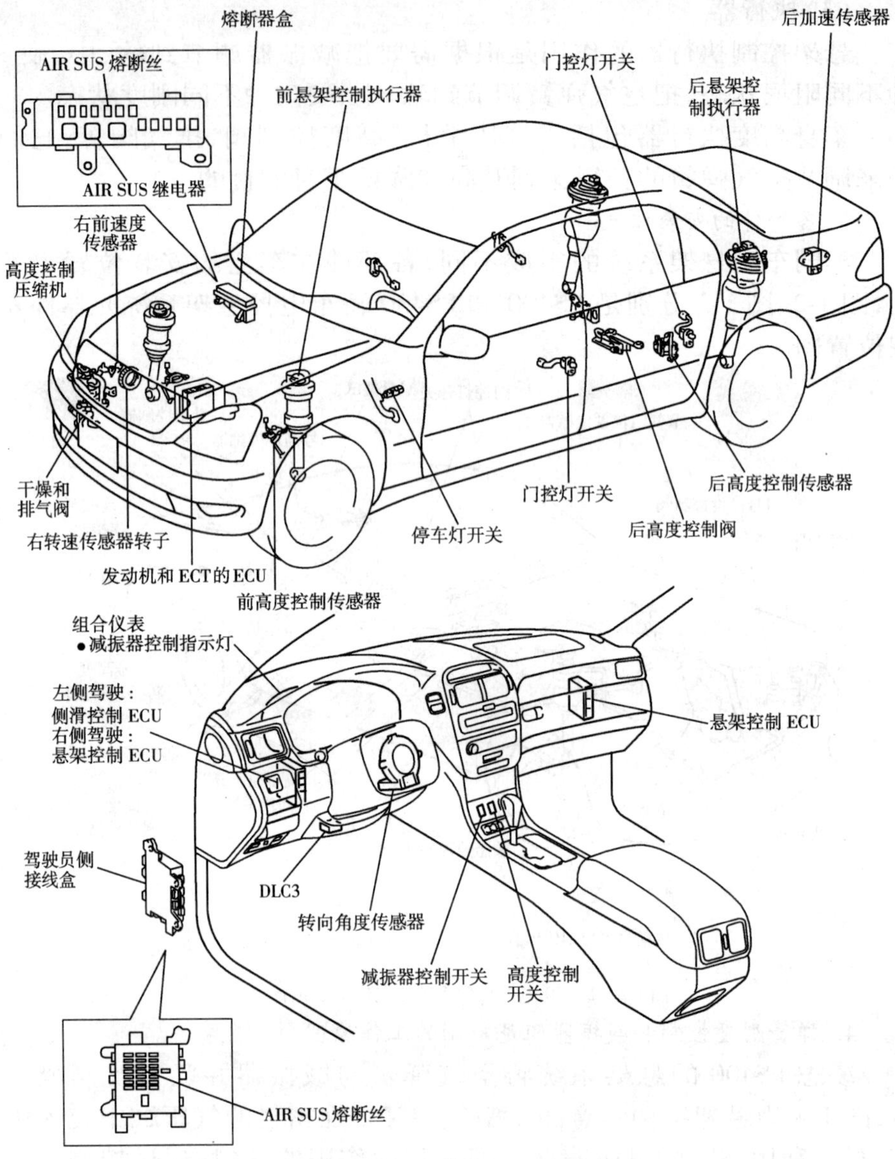

图 1-3　LS430 电控悬架系统元器件安装位置图

5. 车身高度控制的工作原理

车身高度控制需要使用压缩空气源，系统组成包括空气压缩机、高度控制阀、排气阀、4 个气压缸以及空气管路等，如图 1-5 所示。

在悬架的气压缸底部是卷动膜片，使主气室成为 1 个容量可变的气室，见图 1-4。当压缩空气进入主气室时，主气室伸长，车身高度升高；反之，车身降低。

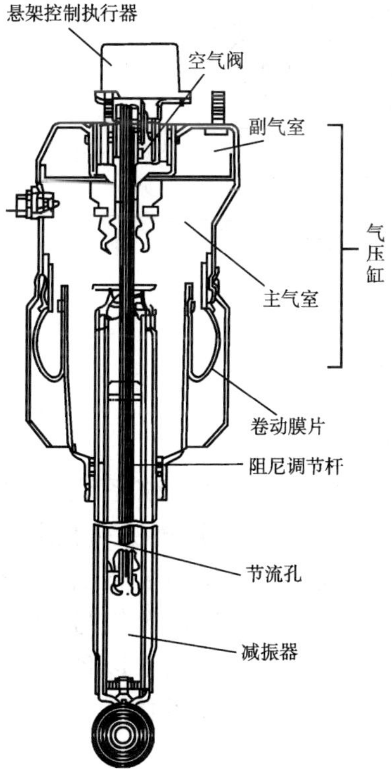

图 1-4　悬架结构示意图

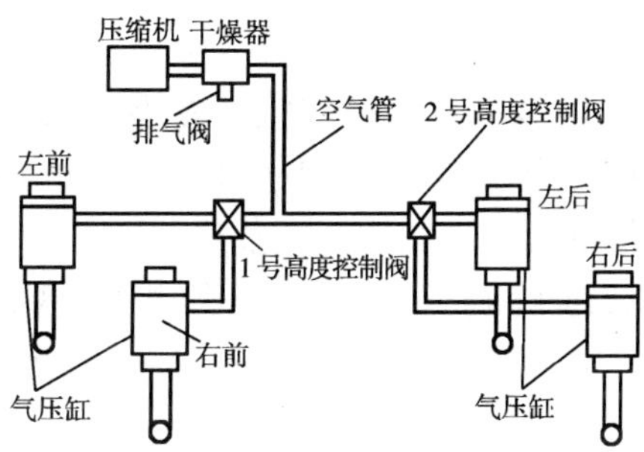

图 1-5　空气管路图

当使汽车高度升高时，ECU 控制高度控制阀开启，压缩空气通向气压缸，车身高度上升；当使汽车高度下降时，ECU 不仅使高度控制阀开启，而且还使排气阀开启，将气压缸中的压缩空气泄放到大气中。

二、电子控制油气弹簧悬架系统

雪铁龙 XM 轿车采用了电子控制油气弹簧悬架系统，该系统的主要特点是采用了油气弹簧，油气弹簧以气体（一般是氮气）作为弹性介质，用油液作为传力介质，油气弹簧一般由气体弹簧和相当于液力减振器的液压缸组成，它通过油液压缩气室中的空气实现变刚度特性，而通过电磁阀控制油液管路中的小孔节流实现变阻尼特性，如图 1-6 所示。

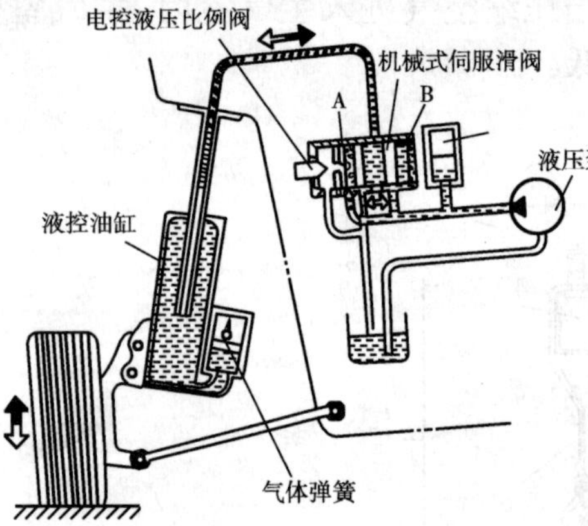

图 1-6　油气弹簧悬架系统原理图

三、带路况预测传感器的主动式悬架系统

日产公司千里马(Maxima)轿车采用了这种系统,该系统的主要特点是装备有路况预测传感器,这种传感器通常为超声波传感器,安装在车身前面,可以提前对路面状况进行检测,此外还装备有车身高度传感器、加速度传感器、车速传感器等,ECU 根据输入信号对悬架参数进行调节。带路况预测传感器的主动式悬架系统可以使汽车提前对路面情况进行处理,因而大大改善了悬架的工作性能。

课题二　电控悬架系统的功能检查

现以丰田凌志电控空气弹簧悬架系统为例作阐述。

一、系统检查前的准备工作

检查电控悬架系统功能前首先要了解电控悬架控制的项目。

1. 凌志 LS400、LS430 电控悬架控制项目

(1) 悬架阻尼和刚度的控制

① 防侧倾控制。在汽车急转弯时将减振器阻尼和弹簧刚度调至“硬”状态,使汽车的姿态变化最小,抑制侧倾,改善操纵性。

② “点头”控制。在汽车紧急制动时将减振器阻尼和弹簧刚度调至“硬”状态,使汽车的姿态变化最小,抑制汽车制动时“点头”。

③ 防“后仰”控制。在汽车加速时将减振器阻尼和弹簧刚度调

至“硬”状态，使汽车的姿态变化最小，抑制汽车后仰。

④ 高车速控制。汽车高速行驶时不论驾驶人选择何种控制状态，电控悬架自动将弹簧刚度调为“硬”状态，将减振器阻尼调为“中”状态，以改善高速行驶时的稳定性和操纵性。

⑤ 颠动、跳振控制。汽车在不平路面行驶时，使减振器阻尼和弹簧刚度视需要变为“软”、“中”、“硬”状态，以抑制汽车在不平坦路面上行驶造成的颠簸和跳振，提高乘坐舒适性。

(2) 车身高度的控制

① 自动高度控制。在良好路面行驶时驾驶人操纵高度控制开关，选择汽车的目标高度为“高”或“常规”后，不论乘员和行李质量如何变化，汽车保持某一恒定的高度位置。

② 高车速控制。控制开关在“高”位置，高车速行驶时汽车会自动降到“常规”位置，降低车身高度，改善高车速行驶时的稳定性。

③ 点火开关关断控制。当停车断开点火开关后，因乘员和行李的质量减小而使汽车高度大于目标高度时，能使汽车高度降到目标高度，改善汽车驻车时的姿势。

2. 系统功能检查前的准备工作

首先向用户询问系统是否有故障产生，故障产生的时间、症状、情况、条件、如何发生、是否已检修过、修理过什么部位等，其次检查系统故障指示灯是否显示故障代码，然后检查系统部件是否丢失，线路连接器及配线是否松动、脱接，管路是否漏气等。

二、系统功能检查

1. 车身高度升降功能的检查

(1) 操作步骤

① 检查轮胎气压，应处于正常气压。

② 起动发动机，操作车身高度控制开关从 NORM(常规)位置转换到 HIGH(高)位置，压缩机应在 2s 内起动，车身完成高度调整的时间约为 20 ~ 40s，汽车高度升高约 10 ~ 30mm，如图 1-7a)所示。

③ 当处于 HIGH(高)的状态下起动发动机，并将高度控制开关从“高”转到“常规”位置，从操纵高度控制开关到开始排气的时间应不超过 2s；从开始排气到完成高度调整的时间约为 20 ~ 40s；汽车高度下降约 10 ~ 30mm，如图 1-7b)所示。

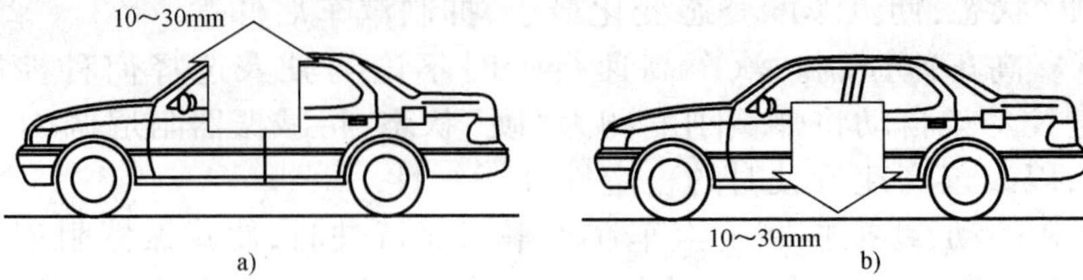

图 1-7　车身高度变化的检查

a)汽车高度升高;b)汽车高度降低

(2) 故障分析

① 车身高度控制不起作用,可能的故障部位有:车身高度传感器、车身高度控制开关及其电路、车身高度控制电源电路、发电机调节器(IC)电路、空气压缩机及其电路、悬架 ECU 等有故障。

② 车身高度变化不均匀,可能的故障部位有:管路漏气,车身高度传感器、高度控制阀和排气阀等有故障。

2. 车身高度的检查

(1) 操作步骤

① 将 LRC 开关拨到"常规"位置。

② 轻压车身几次,让悬架和车轮处于稳定状态。

③ 变速器挂 N 挡,车轮用三角木块塞住,然后松开驻车制动器操纵杆。

④ 起动发动机。

⑤ 操纵车身高度控制开关至"高"位置,车身升高后等待 60s,再将车身高度控制开关拨至"常规"位置,使车身下降,待车身下降后再过 50s,重复上述操作。

⑥ 测量出车身的高度应符合表 1-1 的要求,测量点如图 1-8 所示,前端:地面至前下悬架臂螺栓中心;后端:地面至后下悬架臂螺栓中心。

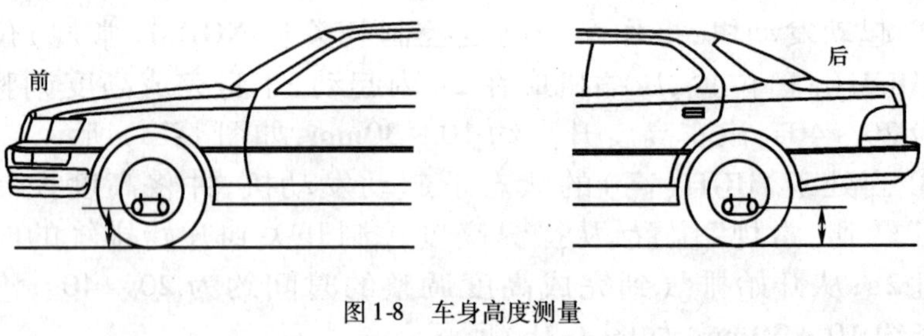

图 1-8　车身高度测量

(2)测量结果

测量结果应符合表 1-1 要求。

车 身 高 度　　表 1-1

部　位	车 前 端	车 后 端	左右误差	前后误差
高度(mm)	228 ± 10	210 ± 10	< 10	17.5 ± 1.5

(3)故障分析

① 车身过高或过低,原因可能是车身高度传感器故障或传感器连接杆调节不当。

② 驻车时车身高度很低,原因可能是管路系统有泄漏,空气弹簧气压缸或减振器故障。

3. 车身高度传感器连接杆的检查

(1)操作步骤

① 检查车身高度传感器连接杆螺纹的尺寸,如图 1-9 所示,前端和后端均应不小于极限值 13mm,如不符合则应进行调节。

② 拧松车身高度传感器连接杆的两个锁紧螺母,如图 1-10 所示。

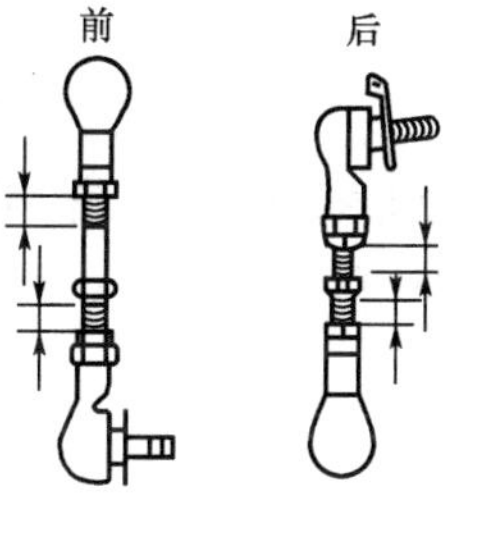

图 1-9　连接杆的调节

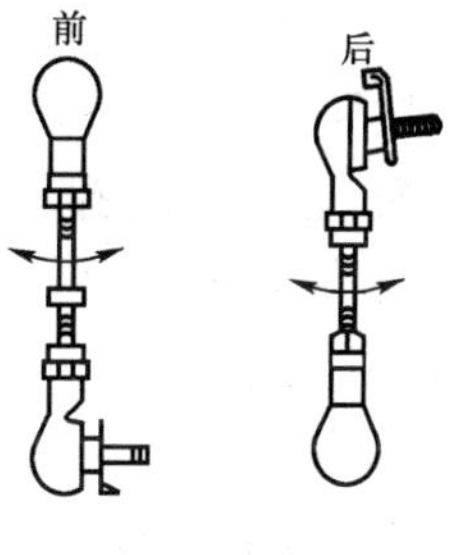

图 1-10　连接杆的调节

③ 旋转车身高度传感器连接杆即可调节杆的长度,每转 1 圈连接杆,车身高度变化约 4mm。

④ 暂时拧紧两只锁紧螺母。

⑤ 再检查一次汽车高度。

⑥ 拧紧锁紧螺母(拧紧力矩 4.4N · m)。

(2)故障分析

① 4 个连接杆长度调节不均匀,导致车身高度调整时变化不规则。

② 连接杆长度调整太短,导致车身升高的高度不够。

③ 连接杆长度调整太长,导致车身下降的高度不够。

4. 溢流阀工作的检查

(1)操作步骤

① 用跨接线将高度控制连接器的 1 号与 7 号端子(如图 1-11 所示)连接起来,将点火开关置于 ON,压缩机开始工作。

② 压缩机工作一段时间后检查溢流阀,应有空气溢出,如图 1-12 所示。

③ 将点火开关置 OFF。

④ 清除故障代码。强迫压缩机工作时,ECU 会记录 1 个故障代码,检查完成后,必须清除故障代码。

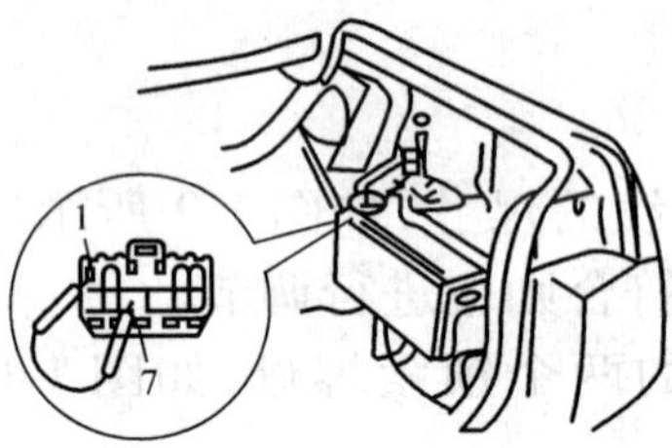

图 1-11 连接高度控制连接器的 1、7 号端子

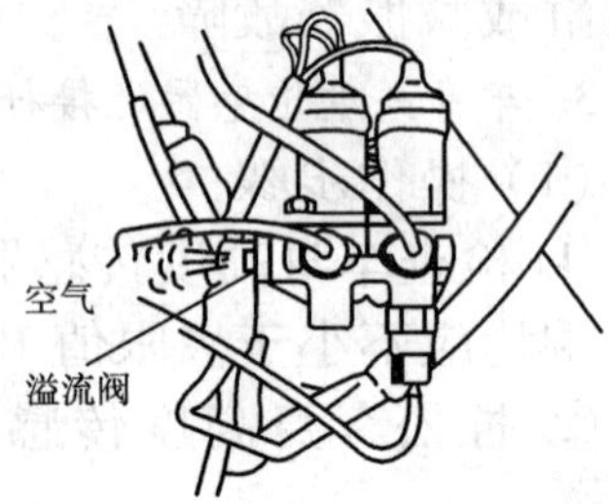

图 1-12 溢流阀放气

(2)故障分析

如果溢流阀不能排气,将引起悬架气动缸气压不正常,造成悬架刚度和车身高度调节不正常,故障的可能原因有:

① 压缩机不工作。

② 管路漏气。

③ 溢流阀堵塞或工作不良。

5. 管路漏气检查

(1)操作步骤

① 起动发动机,将车身高度控制开关拨到“高”位置,使车身升高。

② 使发动机熄火。

③ 在管路上特别是连接处,如图 1-13 所示,涂上肥皂水检查是否漏气。

(2)故障分析

漏气一般发生在管路的接头处,将影响悬架刚度和车身高度的调节功能。

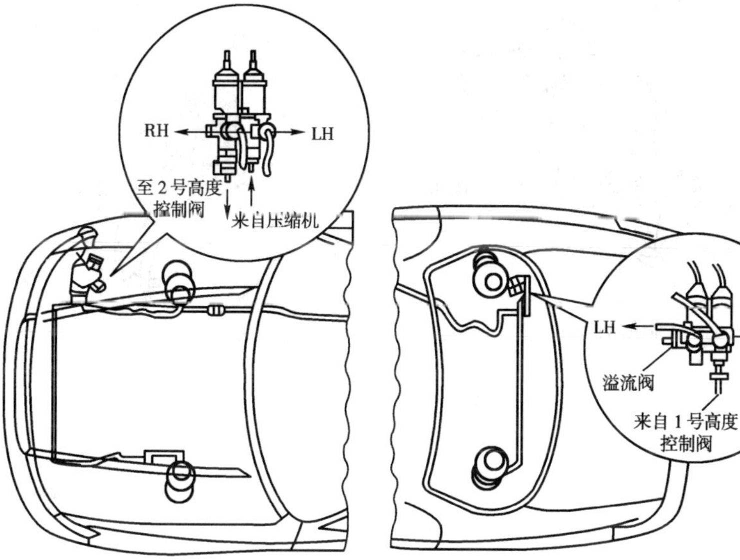

图1-13　空气管路布置图

课题三　电控悬架传感器和执行器的检修

一、传感器的检修

1. 转向传感器的检修

（1）工作原理

转向传感器安装在转向轴上，它是1个光电式传感器，如图1-14所示，其信号与车速信号一起用于控制汽车急转弯时的侧倾。

（2）电路连接

转向传感器电路如图1-15所示。蓄电池向转向传感器1号端子提供电源，传感器3号、4号端子与悬架ECU的SS2、SS1端子相连，向ECU提供转向和转速信号，传感器2号端子搭铁。

（3）检测方法和步骤

① 接通点火开关，传感器1号端子应有12V电压。

② 传感器的2号端子应可靠搭铁（与搭铁间电阻为0Ω）。

③ 缓慢转动转向盘时，端子SS1、SS2与搭铁之间的电压应在0～5V之间变化。

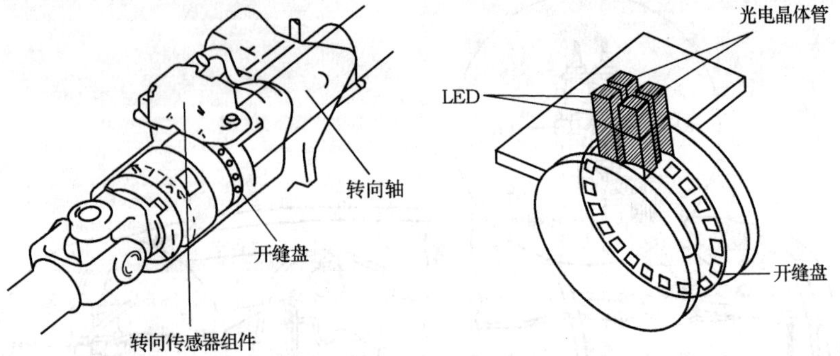

图 1-14　转向传感器

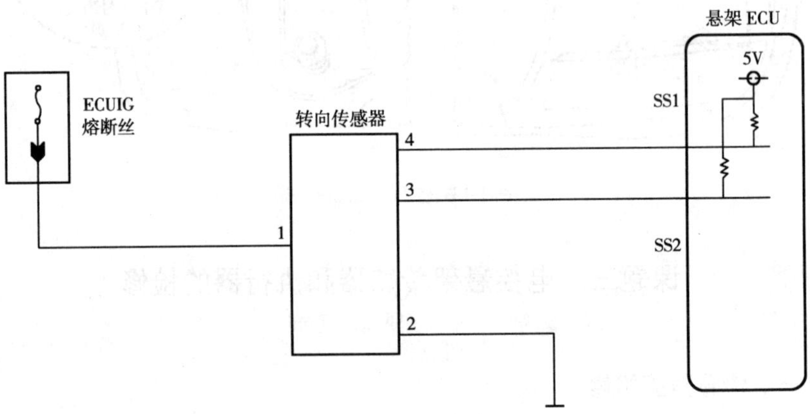

图 1-15　转向传感器连接电路

1、2、3、4-转向传感器端子序号

④ 脱开转向传感器与 ECU 接线的连接器，在 1、2 号端子间施加 12V 电压，测量传感器 3、4 号端子与搭铁 2 号端子间的电阻，缓慢转动转向传感器旋转件时，电阻应在 0 ~ ∞ Ω 之间变化。

⑤ 操纵转向盘，通过观察高度控制 NORM 指示灯的点亮状态，来判断转向传感器信号是否正确地输入 ECU（见表 2-2）。

（4）故障分析

① 转向传感器出现故障时，不能正确地检测到汽车转向盘转弯的方向和转向的角度，悬架的阻尼和刚度调节将不正常，防侧倾控制不起作用。

② 当转向传感器的开缝盘弯曲变形，表面有杂质时，将影响传感器的性能。

2. 车身高度传感器的检修

(1) 工作原理

汽车的4个悬架上都各装有1只车身高度传感器,用来连续监测车身与悬架下臂之间的距离 L,如图1-16所示,间接测量车身高度,车身高度传感器属于光电式传感器。

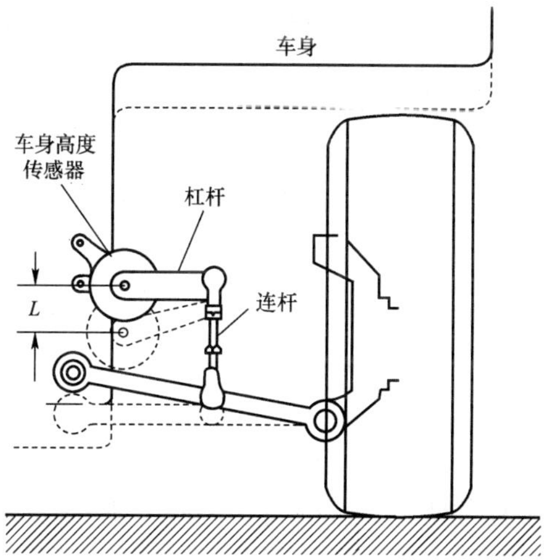

图1-16 车身高度传感器示意图

(2) 电路连接

车身高度传感器电路如图1-17所示。2号高度控制继电器线圈受悬架ECU控制,继电器2号端子向4个传感器的1号端子提供电源,4个传感器的2号端子与悬架ECU的SHCLK端子相接,4个传感器的3号端子与ECU的SHLORD相接,4个传感器的6号端子与ECU的SHG端子相接,SHFR、SHFL、SHRL、SHRR分别表示右前、左前、左后、右后高度传感器信号与ECU的连接端子。

(3) 检测方法和步骤

① 接通点火开关,逐个检测4个高度传感器,各传感器的1号端子应有12V电压。

② 信号电压的检测。用汽车数字万用表直流电压挡检测SHFR、SHFL、SHRL、SHRR端子,信号电压约为0.9~1.5V。

③ 用汽车专用示波器检测SHFR、SHFL、SHRL、SHRR信号输入端子,波形应为矩形方波。

(4) 故障分析

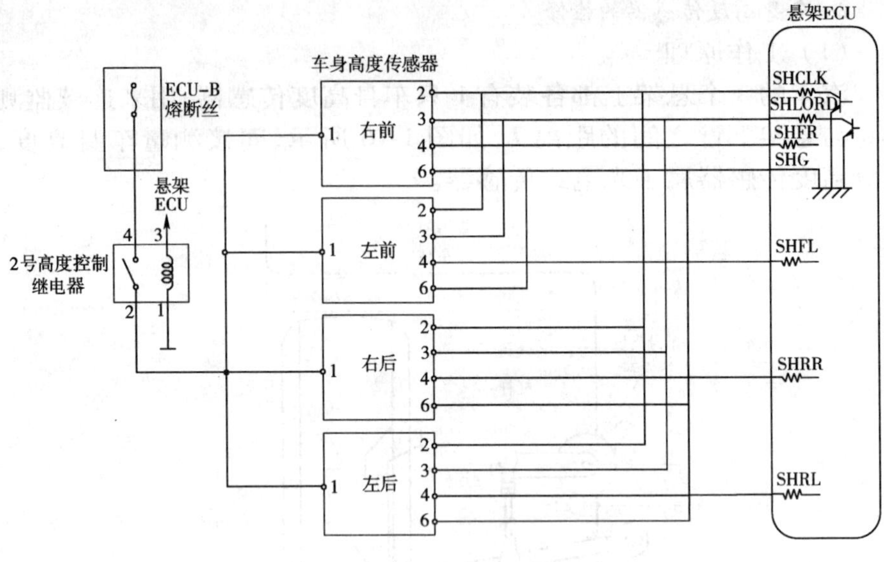

图 1-17　车身高度传感器连接电路

1～6-端子序号

① 车身高度传感器出现故障后，不能正确检测到车身高度，汽车车身高度控制将不正常。当某个车身高度传感器出现故障，该方向的车身高度上升或下降不能到位，车身出现倾斜。

② 车身高度传感器的开槽圆盘弯曲变形，表面有杂质时，将影响传感器的性能。

③传感器的连杆长度调整不当，会导致汽车车身高度调整的变化不规则。

3. 节气门位置传感器检修

（1）工作原理

节气门位置传感器安装在发动机的节气门体上，如图 1-18 所示，用于间接地检测节气门的开启角度和开启速度，获取汽车加速度信号，用作防止车身后仰的控制。

（2）电路连接

电路连接如图 1-18 所示。

（3）检测方法和步骤

① 检查输入信号。按表 2-2 所列的方法，通过检查加速踏板全部松开和全部踩下的情况下，高度控制 NORM 指示灯的点亮状态来判断节气门位置传感器输入信号是否正确。

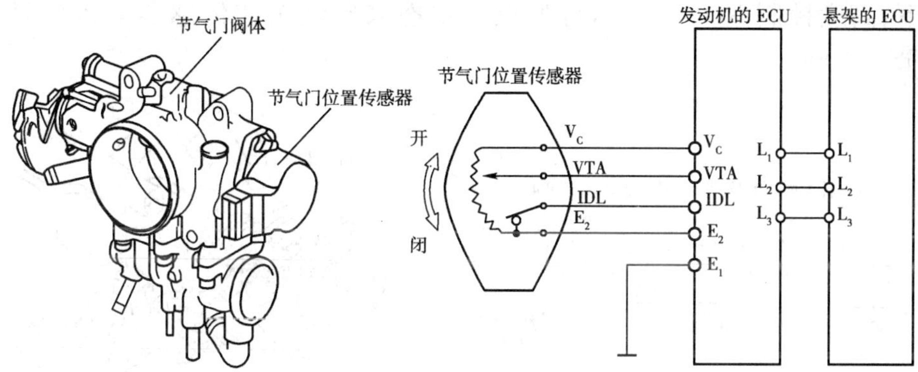

图 1-18　节气门位置传感器及线路连接图

② 检查悬架 ECU 端子 L_1、L_2、L_3 与搭铁之间的电压。接通点火开关，在加速踏板全部松开和全部踩下过程中测量悬架 ECU 端子 L_1、L_2、L_3 与搭铁端子之间的电压，电压应符合表 1-2 要求。

L_1、L_2、L_3 端子与搭铁端子间的电压　　表 1-2

加速踏板 / 端子	全部松开 ←→ 全部踩下
L_1	5V ←→ 0V
L_2	5V ←→ 0V ←→ 5V
L_3	5V ←→ 0V ←→ 5V ←→ 0V ←→ 5V

③ 检查节气门位置传感器是否正常，发动机和 ECT 的 ECU 是否正常。

④ 检查各配线和连接器是否正常可靠。

4. 车速传感器检修

（1）工作原理

车速传感器安装在变速器上（图 1-19），由变速器齿轮通过转子轴驱动，车速传感器信号经仪表转换后送至悬架 ECU，该信号与转向传感器信号一起用来计算车身侧倾程度。

（2）电路连接

车速传感器电路如图 1-20 所示，车速传感器信号与悬架 ECU 的 SPD 端子相连。

（3）检测方法和步骤

① 检查车速传感器信号是否正常地输入 ECU。按照表 2-2 所列方法，通过检查汽车以 20km/h 以下和 20km/h 以上的车速行驶情况

下,高度控制 NORM 指示灯的点亮状态来判断车速传感器输入信号是否正确。

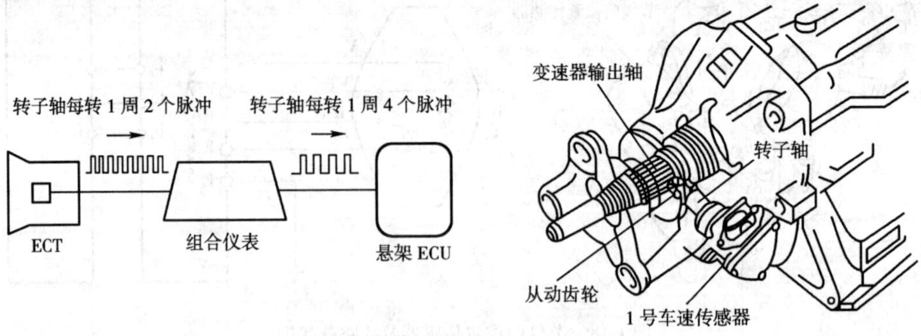

图 1-19　车速传感器

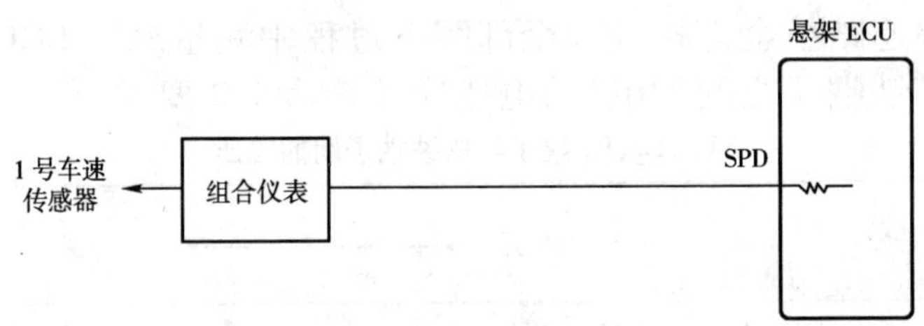

图 1-20　车速传感器连接电路

② 检查传感器是否失效。

③ 检查各配线和连接器是否正常可靠。

(4) 故障分析

车速传感器电路出现故障后,汽车悬架的阻尼力调节、刚度调节和车身高度调节都将不正常。

二、执行器的检修

1. 悬架控制执行器的检修

(1) 工作原理

悬架控制执行器安装在悬架气压缸的顶部,由永久磁铁、定子铁芯、定子线圈、减振器旋转滑阀、气压缸空气阀等组成,如图 1-21 所示。其中控制减振器旋转滑阀可获得减振器软、中、硬 3 种阻尼;控制空气阀控制杆可获得空气弹簧软、中、硬 3 种不同刚度。

(2) 电路连接

悬架控制执行器电路如图 1-22 所示。执行器受悬架 ECU 控制,当电流从执行器的 1 号端子流向 2 号端子时，悬架处于“硬”状态；电流从 2 号端子流向 1 号端子时悬架处于“软”状态；当电流从 3 号端子流向 4 号端子时悬架被调至“中”状态。

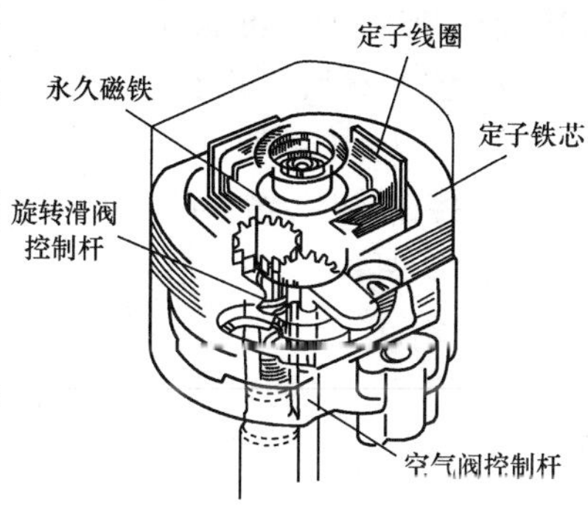

图 1-21　悬架控制执行器的结构

（3）检测方法和步骤

① 测量电阻。悬架控制执行器 1-2 端子和 3-4 端子间的电阻应为 3 ~ 6Ω；2-4 端子间的电阻应为 2.3 ~ 4.3kΩ。

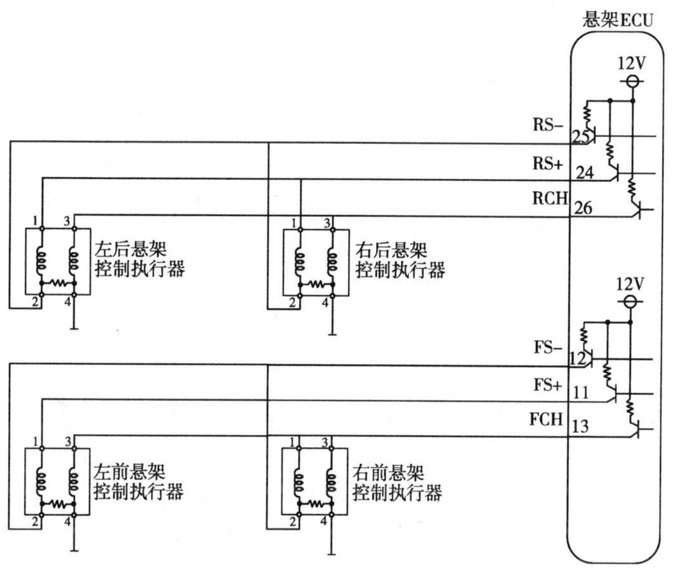

图 1-22　悬架控制执行器电路

1、2、3、4-悬架控制执行器端子；11、12、13、24、25、26-悬架 ECU 端子

② 拆下悬架控制执行器，接通点火开关，在 LRC 开关分别拨至 SPORT（运动模式）和 NORM（常规模式）侧时，察看控制减振器旋转滑阀杆和空气阀杆的执行器是否工作。

③ 拔出悬架执行器连接器，直接在执行器 1-2 号、2-1 号、3-4 号端子间施加蓄电池电压，检查悬架控制执行器是否正常工作，但注意检查时间应在 1s 内完成。

（4）故障分析

悬架控制执行器失效时，不能改变减振器的阻尼力和空气弹簧的刚度，防侧倾、防点头、防后仰等的控制将不正常。

2. 空气压缩机的检修

(1) 工作原理

电控悬架系统的气源装置由直流电动机、单缸空气压缩机、干燥器和排气阀等组成，如图1-23所示。直流电动机受电控单元ECU控制。压缩空气在进入空气管路之前经过干燥器去除水分。排气阀可将空气弹簧中的压缩空气排到大气中，空气弹簧排气时也通过干燥器，以保持化学干燥剂的干燥，空气压缩机的溢流压力约为0.98MPa。

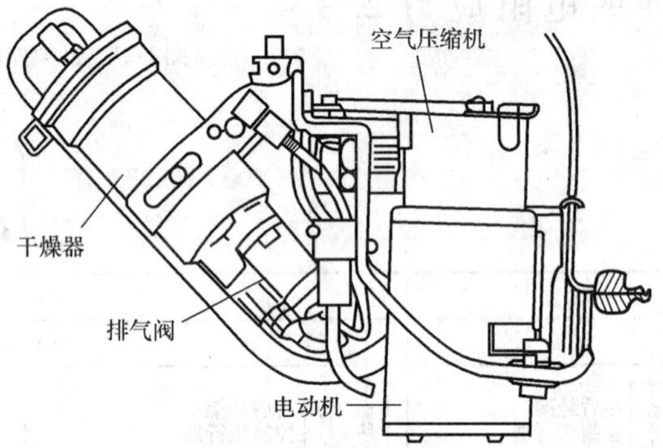

图1-23 气源装置

(2)空气压缩机电动机电路

空气压缩机电动机电路如图1-24所示，当使汽车高度上升时，悬架ECU控制电流从RCMP端子输出使1号高度控制继电器触点闭合，蓄电池电源通过熔断丝和继电器使电动机工作，与此同时，悬架ECU通过检测端子RM+与RM-之间的电位差，可监测到空气压缩机电路是否正常。

(3)检测方法和步骤

① 脱开空气压缩机电动机连接器，把连接器端子1接蓄电池正极(+)，端子2接蓄电池负极(-)，空气压缩机电动机应当运转，否则应更换空气压缩机电动机。

② 拔下悬架ECU的连接器，用万用表电阻挡检查RM+与RM-端子之间电阻值，电阻值很小(导通)。

③ 当空气压缩机正常工作时，用万用表直流电压挡测量端子“RM+”与搭铁端的电压，电压值应在1V以内。

④ 检查1号高度控制继电器。测量继电器线圈3与4端子间电

阻(即 RCMP 与 -RC 端子间电阻)应为 50 ~ 100Ω,1-2 端子间呈断路;在端子 3-4 之间加上蓄电池电压后再检查端子 1-2 之间是否导通,若导通则正常,若仍不导通,则应更换 1 号高度控制继电器。

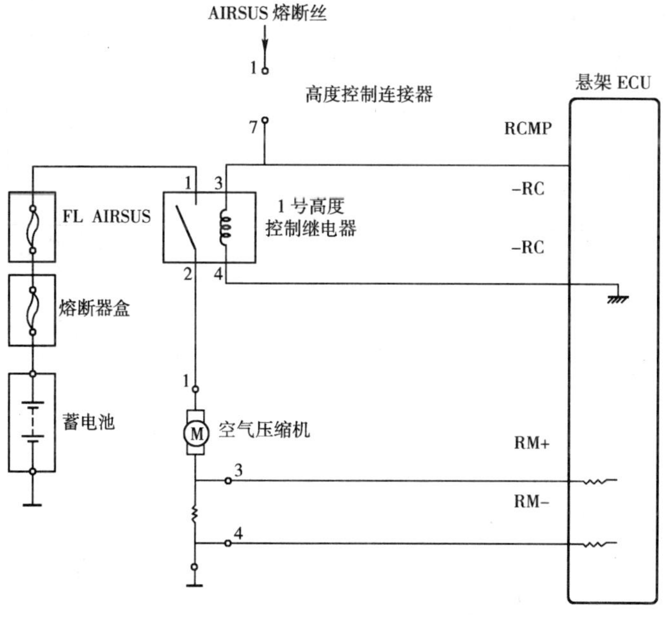

图 1-24 空气压缩机电动机电路

(4) 故障分析

① 当空气压缩机及其电路出现故障时,无压缩空气产生,汽车将不能执行高度控制功能。

② 若空气压缩机电动机通过高度控制连接器强迫运转时,ECU 的存储器中会存入故障代码"41",做完这项操作后,要清除故障代码 41。

③ 若通过 1 号高度控制继电器驱动空气压缩机的电流持续时间在 8.5min 以上时,连续工作时间超长,ECU 就会设置故障代码 51,这时,只要将点火开关关断约 70min 后再将点火开关接通,便能恢复。

3. 高度控制阀和排气阀的检修

(1) 高度控制阀和排气阀的工作原理

高度控制阀和排气阀的结构见图 1-25 所示,它们的结构完全相同,均由电磁线圈、柱塞、活动铁芯等组成,如图 1-25 所示。两者的作用都是用来调节车身高度和空气弹簧的刚度,区别在于安装位置不同,1 号高度控制阀用于前悬架控制,它的两只电磁阀分别控制前左、前右气压缸;2 号高度控制阀用于后悬架控制,它与 1 号高度控制阀不同的是两只电磁阀(后左、后右)是单独工作。2 号高度控制阀中有 1 个溢流阀,当压缩空气达到溢流压力时,溢流阀则打开。

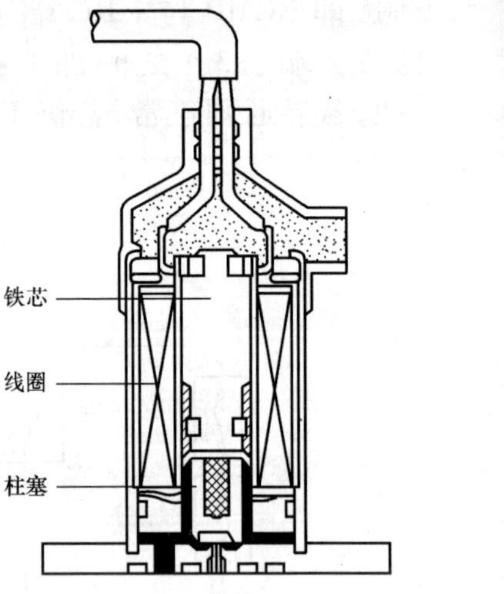

图 1-25　高度控制阀(排气阀)

(2) 电路连接

高度控制阀、排气阀电路图如 1-26 所示。当 1 号高度控制阀有电流从 1 号端子(SLFR)流向 3 号端子时,右前气压缸充气或放气。当 1 号高度控制阀电流从 2 号端子(SLFL)流向 3 号端子时,左前气压缸充气或放气,同样地,在 2 号高度控制阀,端子 SLRL、SLRR 分别控制左后和右后气压缸充放气。ECU 控制电流从 SLFX 流向 –RC 时排气阀工作。

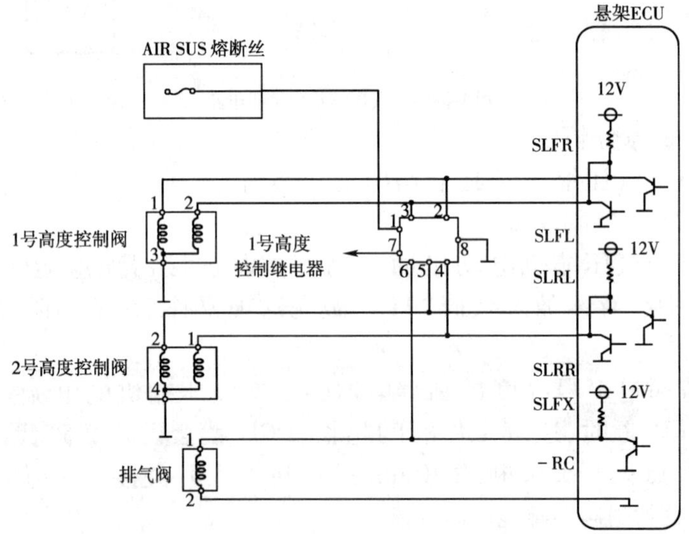

图 1-26　高度控制阀、排气阀连接电路

(3) 检测方法和步骤

① 测量高度控制阀和排气阀线圈的电阻。1 号高度控制阀 1-3、2-3 端子间,2 号高度控制阀 1-4、2-4 端子间,排气阀 1-2 端子间的电

阻值均应为9～15Ω。

② 脱开各阀的连接器，在上述端子之间施加蓄电池电压时，高度控制和排气阀应有“喀哒”的工作声，如无工作声则可能高度控制阀或排气阀本身有故障。

(4)故障分析

① 当高度控制阀和排气阀出现故障时，汽车高度控制及空气弹簧刚度控制将不正常。

② 当汽车降低高度时排气阀供电持续时间超过6min，ECU就会设置故障代码52。如果在拆卸车轮或顶起汽车时，汽车高度控制起作用，也可能会输出故障代码52，但这并非不正常，这时会停止执行汽车高度控制及减振器阻尼和弹簧刚度的控制。如要恢复控制功能，只需切断点火开关后再接通即可。

故障代码52的故障诊断步骤如下：检查高度控制阀是否卡住在开启位置和排气阀是否卡住在关闭位置（检查工作声）。如没发现问题，则继续下一步操作：对车身高度传感器连接杆进行调整；如果调整后故障消失，表明应调整车身高度传感器连接杆；若故障仍不消失，则应检查、修理或更换引起故障的零件；如空气管阻塞，杂质进入高度控制阀、排气阀，车身高度传感器失灵、ECU失灵等。

单元二 电控悬架系统故障诊断与排除的自诊断法

知识目标

1. 正确描述使用模式选择指示灯和高度控制指示灯检查系统故障的方法。
2. 正确描述典型故障代码的含义。

技能目标

1. 熟练使用模式选择指示灯和高度控制指示灯来检查系统故障。
2. 熟练运用输入信号检查功能进行检查。
3. 熟练使用系统自诊断功能进行故障诊断与排除。

课题一 使用输入信号检查功能进行故障诊断与排除

一、指示灯检查

电子控制调节悬架的轿车驾驶室的仪表台上，装设有模式选择(LRC)指示灯和高度控制指示灯，其在车上的位置如图 2-1 所示，通过两个指示灯的状态可以检查相应故障。

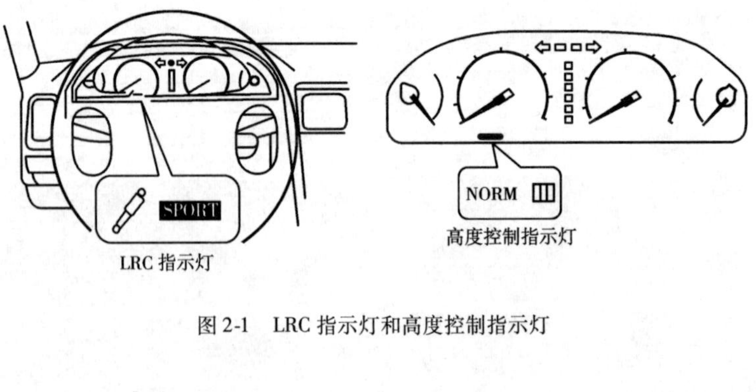

图 2-1 LRC 指示灯和高度控制指示灯

1. 检查方法

(1) 正常状态时的检查

接通点火开关，LRC 指示灯和高度控制指示灯均应亮 2s，然后熄灭，之后，各指示灯的亮灭取决于各控制开关的位置，正常情况如下：

① LRC 开关在 SPORT（运动）侧时，LRC 指示灯常亮；拨至 NORM（常规）侧时，LRC 指示灯应亮 2s，然后熄灭。

② 高度控制开关在 NORM（常规）位置时，NORM 灯亮；拨至 HIGH（高）位置时，HIGH（高）灯亮。

③ 当点火开关接通时，HEIGHT 照明灯保持点亮状态。

(2) 非正常状态

当高度控制 NORM 指示灯以每 1s 间隔闪亮时，则表明 ECU 存储器已存有故障代码。

2. 故障分析

如果在指示灯检查过程中出现表 2-1 所列故障时，应对相应电路进行检修。

用指示灯检查系统故障 表 2-1

指示灯状态	应检查的电路
接通点火开关后，SPORT、HIGH 和 NORM 指示灯不亮	1. 汽车高度控制电源电路 2. 指示灯电路
接通点火开关后，SPORT、HIGH 和 NORM 指示灯亮 2s 后全部熄灭	悬架控制执行器电源电路
有些指示灯，如 SPORT、HIGH、NORM 或 HEIGHI 照明灯不亮	指示灯电路或 HEIGHT 照明灯电路
即使 LEC 开关拨到 NORM 侧，SPORT 指示灯仍然亮	LRC 开关电路
汽车高度指示灯点亮状态与高度控制开关所选定的汽车高度位置不一致	高度控制开关电路

二、输入信号检查

输入信号检查的目的主要是动态检查各传感器和开关信号等是否被正常地输入悬架 ECU。通过逐个操作转向器、制动开关、节气门、高度控制开关、LRC 开关等，观察高度控制指示灯的点亮状态，能够判断各个信号是否正常地送到 ECU，据此判断传感器工作情况，并检查相应的传感器电路。

1. 检查前的准备

将悬架的刚度和阻尼控制均固定在“硬”状态，车身高度控制开关在 NORM(常规)状态，短接检查连接器的 Tc 与 E_1 端子，这时会出现高度控制 NORM 指示灯不闪烁故障代码。

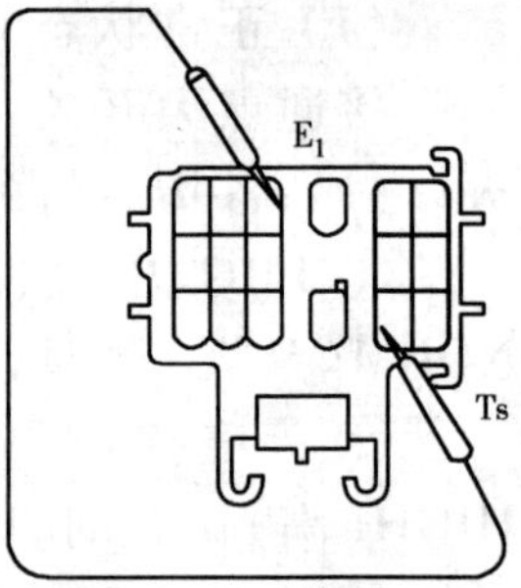

图 2-2　检查连接器

2. 检查步骤

① 接通点火开关(未起动发动机)。

② 用跨接线将发动机舱内的连接器的 Ts 与 E_1 端子短接，如图 2-2 所示。

③ 按照表 2-2 的检查项目并对应操作方法一进行操作。

④ 发动机未起动时高度控制 NORM 指示灯以 0.25s 间隔闪烁，表明系统已进入输入信号检查状态，直到发动机起动为止。

⑤ 起动发动机后，高度控制指示灯转为常亮。

⑥ 按操作方法一从第一项“转向盘直前”到第二项“制动踏板未踩下”、第三项“所有车门关闭”等逐项操作，当这些输入信号被正常地输入悬架 ECU 时，高度控制指示灯的点亮状态应如表 2-2 所示。

检查输入信号　　表 2-2

检查项目	操作方法一	发动机未起动	发动机运转	操作方法二	发动机未起动	发动机运转
转向传感器	转向盘直前	闪烁	常亮	转向角 45°以上	常亮	闪烁
停车灯开关	制动踏板未踩下(OFF)	闪烁	常亮	踩下制动踏板(ON)	常亮	闪烁
门控灯开关	所有车门关闭	闪烁	常亮	有车门开启(ON)	常亮	闪烁
节气门位置传感器	加速踏板未踩下	闪烁	常亮	加速踏板全踩下	常亮	闪烁
1 号车速传感器	车速低于 20km/h	闪烁	常亮	车速 20km/h 以上	常亮	闪烁
高度控制开关	NORM 位置	闪烁	常亮	HIGH 位置	常亮	闪烁
LRC 开关	NORM 位置	闪烁	常亮	SPORT 位置	常亮	闪烁
高度控制开关	ON 位置	闪烁	常亮	OFF 位置	常亮	闪烁

⑦ 同样，按操作方法二操作，高度控制 NORM 指示灯点亮状态应如表 2-2 所示。

3. 故障分析

（1）如果按上述方法操作传感器或开关等时，高度控制指示灯的点亮状态不符合表 2-2 所列，则对应的传感器或其电路可能存在故障。

（2）在进行这项检查时，如果将检查连接器的端子 Ts 与 E_1 连接，储存在存储器中的诊断代码就会输出。

课题二　使用自诊断功能进行故障诊断与排除

一、手工读码清码

1. LS400 电控悬架系统的读码和清码

（1）读码

① 将点火开关接通。

② 如图 2-3 所示，用跨接线将 TDCL 或检查连接器的端子 Tc 与 E_1 短接。

③ 观察仪表板上高度控制 NORM（常规）指示灯闪烁规律。

如果系统无故障，NORM 指示灯以 2 次/s 的频率持续闪烁，图2-4 所示为正常代码；

如果系统有故障，NORM 指示灯以不均匀的闪烁表示不同的故障代码，图 2-5 所示为故障代码 11 和故障代码 31 的输出波形。故障代码按从小到大的顺序显示。

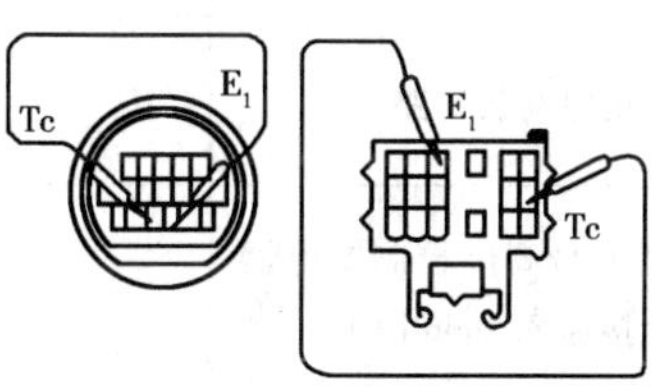

图 2-3　连接 TDCL 或检查连接器的端子 Tc – E_1

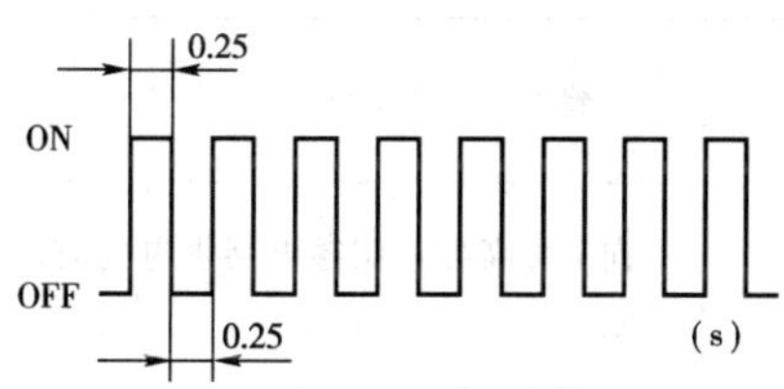

图 2-4　正常代码

④ 利用故障代码表（表 2-3）检查故障情况。

⑤ 检查完毕后，将端子 Tc 与 E_1 脱开。

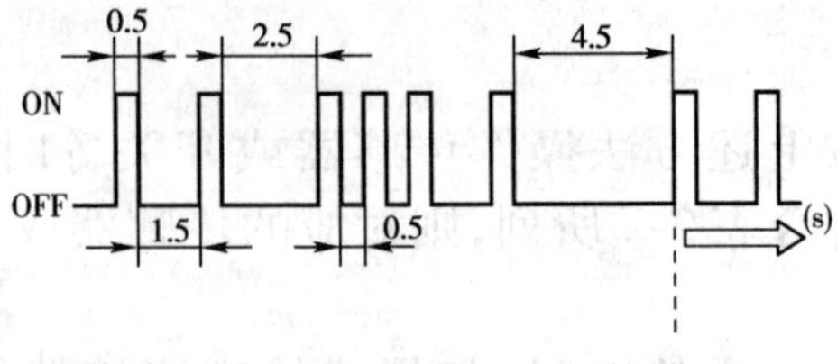

图 2-5　故障代码 11 和 31 波形

凌志 LS400 电控悬架系统故障代码表　　表 2-3

故障代码	故障部位	故障原因	警告	储存
11	右前车身高度传感器电路	车身高度传感器电路开路或短路	0	0
12	左前车身高度传感器电路		0	0
13	右后高度控制传感器电路		0	0
14	左后车身高度传感器电路		0	0
21	前悬架控制执行器电路	悬架控制执行器电路开路或短路	0	0
22	后悬架控制执行器电路		0	0
31	1 号高度控制阀电路(前两个悬架)	高度控制阀电路开路或短路	0	0
33	2 号高度控制阀电路(后右悬架)		0	0
34	2 号高度控制阀电路(后左悬架)		0	0
35	排气阀电路	排气阀电路开路或短路	0	0
41	1 号高度控制继电器电路	1 号高度控制继电器电路开路或短路	0	0
42	压缩机电动机电路	压缩机电动机短路	0	0
51	向 1 号高度控制继电器供电的时间超限	供至 1 号高度控制继电器的电流接通 8.5min 以上	—	0
52	向排气阀供电的时间超限	供至排气阀的电流接通 6min 以上	—	0

续上表

故障代码	故 障 部 位	故 障 原 因	警告	储存
61	悬架控制信号	ECU 失灵	—	O
71	高度控制开关 ON/OFF 电路	高度控制开关在 OFF 位置或高度控制开关电路开路	O	—
72	悬架控制执行器电源电路	悬架控制执行器电源电路开路或熔断丝熔断	—	—

注:①警告栏内有 O 标记的代码,高度控制 NORM 指示灯在点火开关处于 ON 位置时,以 1s 间隔闪亮;对于有“—”标记代码,当点火开关处于 ON 位置时该指示灯不亮。

②储存栏内有“O”标记的代码,即使在点火开关切断时也会被储存在存储器中;有“—”标记的代码在点火开关关断时随即消失。

③由于压缩空气的溢流压力约为 0.98MPa,如果试图在陡峭的坡道上或汽车超载的情况下进行汽车高度控制,可能会输出故障代码 51 并会中止汽车高度控制以及减振力和弹簧刚度的控制(这并不是不正常)。在这种情况下,大约在切断点火开关 70min 后再将其接通时,就可以恢复汽车的高度控制以及减振力和弹簧刚度的控制。

④如果在拆下车轮或顶起汽车的情况下进行汽车高度控制,可能会输出故障代码 52,但这并不表示不正常。当输出故障代码 52 时,汽车高度控制以及减振力和弹簧刚度控制便停止执行,若将点火开关关断后再将其接通时,又会恢复控制。

⑤当高度控制开关在 OFF 位置时,会输出故障代码 71,这并非故障。

(2)清码

清除故障代码可按下述两种方法之一进行。

方法一:关断点火开关,拆下 1 号接线盒中的 ECU-B 熔断丝 10s 以上。

方法二:在关断点火开关的情况下,用跨接线将高度控制连接器端子 CLE(端子 9)和端子 E(端子 8)连接,同时使检查连接器的端子 Ts 与 E_1 连接,保持这一状态 10s 以上,然后接通点火开关并脱开跨接线,如图 2-6 所示。

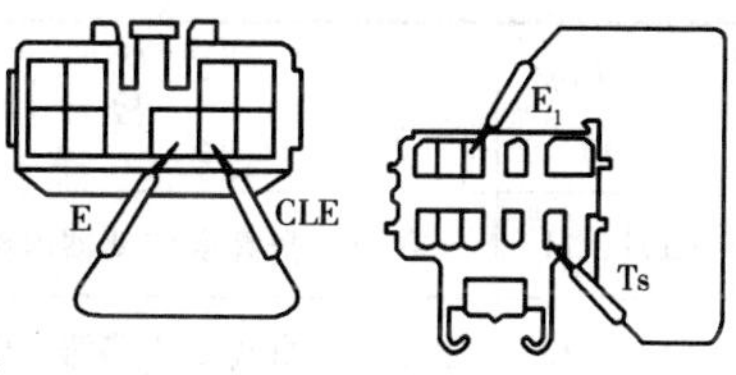

图 2-6　跨接高度控制连接器端子 CLE-E(左图)或检查连接器 Ts-E_1 端子(右图)

2. LS430 电控悬架系统的读码和清码

(1)读码

① 关断点火开关。

② 用跨接线将 DLC3 的 Tc 与 CG 端子短接,如图 2-7 和图 2-8 所示。

③ 在车门开启的情况下起动发动机。

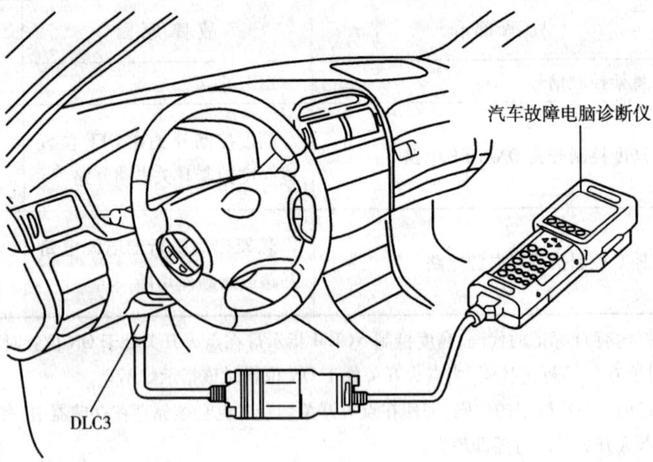

图 2-7　DLC3 的位置

④ 通过减振器指示灯的闪烁来读取故障码，读码规律与 LS400 相同，故障代码见表 2-4。

⑤ 检查结束后断开 DLC3 的端子 Tc 和 CG。

（2）清码

① 用跨接线将 DLC3 的端子 Tc 与 CG 短接。

② 打开点火开关。

③ 在 5s 内踩下制动踏板 8 次或 8 次以上以清除储存在 ECU 中的故障码。

④ 检查指示灯是否显示正常代码。

⑤ 从 DLC3 端子上拆下跨接线。

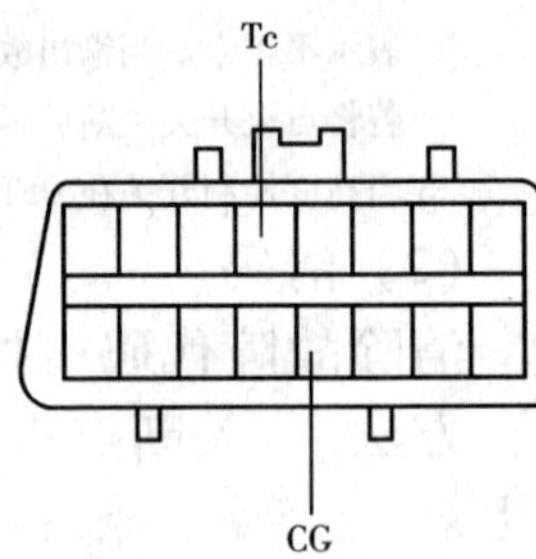

图 2-8　跨接 DLC3 端子Tc-CG

凌志 LS430 电控悬架系统故障代码　　表 2-4

故障编码/代码	检 测 项 目	故 障 部 位
C1711/11	右前车身高度传感器电路中存在开路或短路	车身高度传感器故障或其电路故障
C1712/12	左前车身高度传感器电路中存在开路或短路	
C1713/13	右后高度控制传感器电路中存在开路或短路	
C1714/14	左后车身高度传感器电路中存在开路或短路	

续上表

故障编码/代码	检测项目	故障部位
C1715/15	右前加速传感器电路中存在开路或短路	右前、左前、后加速传感器故障或其电路故障
C1716/16	左前加速传感器电路中存在开路或短路	
C1717/17	后加速传感器电路中存在开路或短路	
C1725/21	右前悬架控制执行器电路中存在开路或短路	右前、左前、右后、左后悬架控制执行器故障或其电路故障
C1726/22	左前悬架控制执行器电路中存在开路或短路	
C1727/23	右后悬架控制执行器电路中存在开路或短路	
C1728/24	左后悬架控制执行器电路中存在开路或短路	
C1737/31	右前高度控制电磁阀电路中存在开路或短路	右前、左前、右后、左后高度控制电磁阀故障或其电路故障
C1739/32	左前高度控制电磁阀电路中存在开路或短路	
C1739/33	右后高度控制电磁阀电路中存在开路或短路	
C1740/34	左后高度控制电磁阀电路中存在开路或短路	
C1735/35	高度控制排气阀电路中存在开路或短路	排气阀故障或其电路故障
C1741/41	AIR SUS 继电器电路中存在开路或短路	AIR SUS 继电器故障或其电路故障
C1742/42	压缩机电动机电路中存在锁止、开路或短路	压缩机电动机故障或其电路故障
C1751/51	通至高度控制压缩机电路的持续电流超限	高度控制压缩机或其电路故障 车身高度传感器连接杆 车身高度传感器 释放阀 高度控制继电器断开 气管或每个阀中有空气泄漏 气管或每个阀中有堵塞
C1752/52	向排气阀供电的时间超限	车身高度控制连接杆 车身高度传感器 气管或每个阀中有堵塞
C1774/74	电源电压下降	蓄电池或电源电路
C1777/77	转向传感器电路中存在开路或短路	转向传感器故障或其电路故障
C1778/78	底盘 ECU(侧滑控制 ECU) 通信电路中存在开路或短路	侧滑控制 ECU 底盘 ECU 通信电路
C1779/79	发动机转速信号电路故障	曲轴位置传感器及其电路 发动机和 ECT 的 ECU

二、使用汽车故障电脑诊断仪进行读码和清码

1. 读取 LS430 故障代码

(1) 将汽车故障电脑诊断仪与 DLC3 连接,如图 2-7 所示。

(2) 打开点火开关。

(3) 按照汽车故障电脑诊断仪屏幕上的提示,读取故障代码。

2. 清码

(1) 排除系统存在的故障。

(2) 将汽车故障电脑诊断仪与 DLC3 连接。

(3) 打开点火开关。

(4) 操纵汽车故障电脑诊断仪以删除故障代码。

单元三　电控悬架系统故障诊断与排除的电路测试法

知识目标

1. 正确描述ECU主要端子的定义及其标准电压值。
2. 正确描述电控悬架各系统的电路连接关系。

技能目标

1. 能够通过检测ECU端子电压的方法进行故障诊断与排除。
2. 熟练运用电路检测的方法进行故障诊断与排除。

课题一　ECU端子检测

一、凌志LS400悬架ECU端子检测

1. ECU端子的定义

凌志LS400悬架ECU端子(插脚)排列见图3-1。

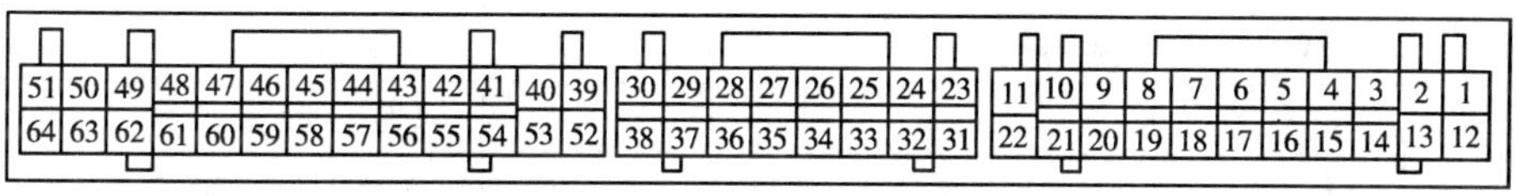

图3-1　LS400悬架ECU端子排列

1～64-端子序号

2. ECU端子连接说明

ECU端子连接说明见表3-1。

3. 电路总图

凌志LS400电控悬架系统电路总图如图3-2所示。

凌志 LS400 悬架 ECU 端子连接关系 表 3-1

序号	端子	连接对象	序号	端子	连接对象
1	SLFR	1 号右高度控制阀	33	—	空脚
2	SLFR	2 号右高度控制阀	34	CLE	高度控制连接器
3	RCMP	1 号右车身高度传感器	35	—	空脚
4	SHRL	左后车身高度传感器	36	—	空脚
5	SHRR	右后车身高度传感器	37	—	空脚
6	SHFL	左前车身高度传感器	38	RM-	压缩机电机
7	SHFR	右前车身高度传感器	39	+B	悬架控制执行器电源
8	NSW	高度控制 ON/LFF 开关	40	IGB	高度控制电源
9	—	空脚	41	BAT	备用电源
10	TSW	LRC 开关	42	—	空脚
11	STP	停车灯开关	43	SHLOAD	车身高度传感器
12	SLFL	1 号高度控制阀	44	SHCLK	车身高度传感器
13	SLRL	2 号高度控制阀	45	MRLY	2 号高度控制继电器
14	—	空脚	46	VH	高度控制 HIGH 指示灯
15	—	空脚	47	VN	高度控制 NORM 指示灯
16	—	空脚	48	—	空脚
17	—	空脚	49	FS+	前悬架控制执行器
18	—	空脚	50	FS-	前悬架控制执行器
19	—	空脚	51	FCH	前悬架控制执行器
20	DOOR	门控灯开关	52	IG	点火开关
21	HSW	高度控制开关	53	GND	电脑搭铁
22	SLEX	排气阀	54	-RC	1 号高度控制继电器
23	L1	发动机和 ECT 电脑	55	SHG	车身高度传感器
24	L3	发动机和 ECT 电脑	56	—	空脚
25	Tc	TDCL 和检查连接器	57	—	空脚
26	Ts	检查连接器	58	—	空脚
27	SPD	汽车车速传感器	59	VS	LRC 指示灯
28	SS2	转向传感器	60	—	空脚
29	SS1	转向传感器	61	—	空脚
30	RM-	压缩机传感器	62	FS+	后悬架控制执行器
31	L2	发动机和 ECT 电脑	63	FS-	后悬架控制执行器
32	REG	IG 调节器	64	RCH	后悬架控制执行器

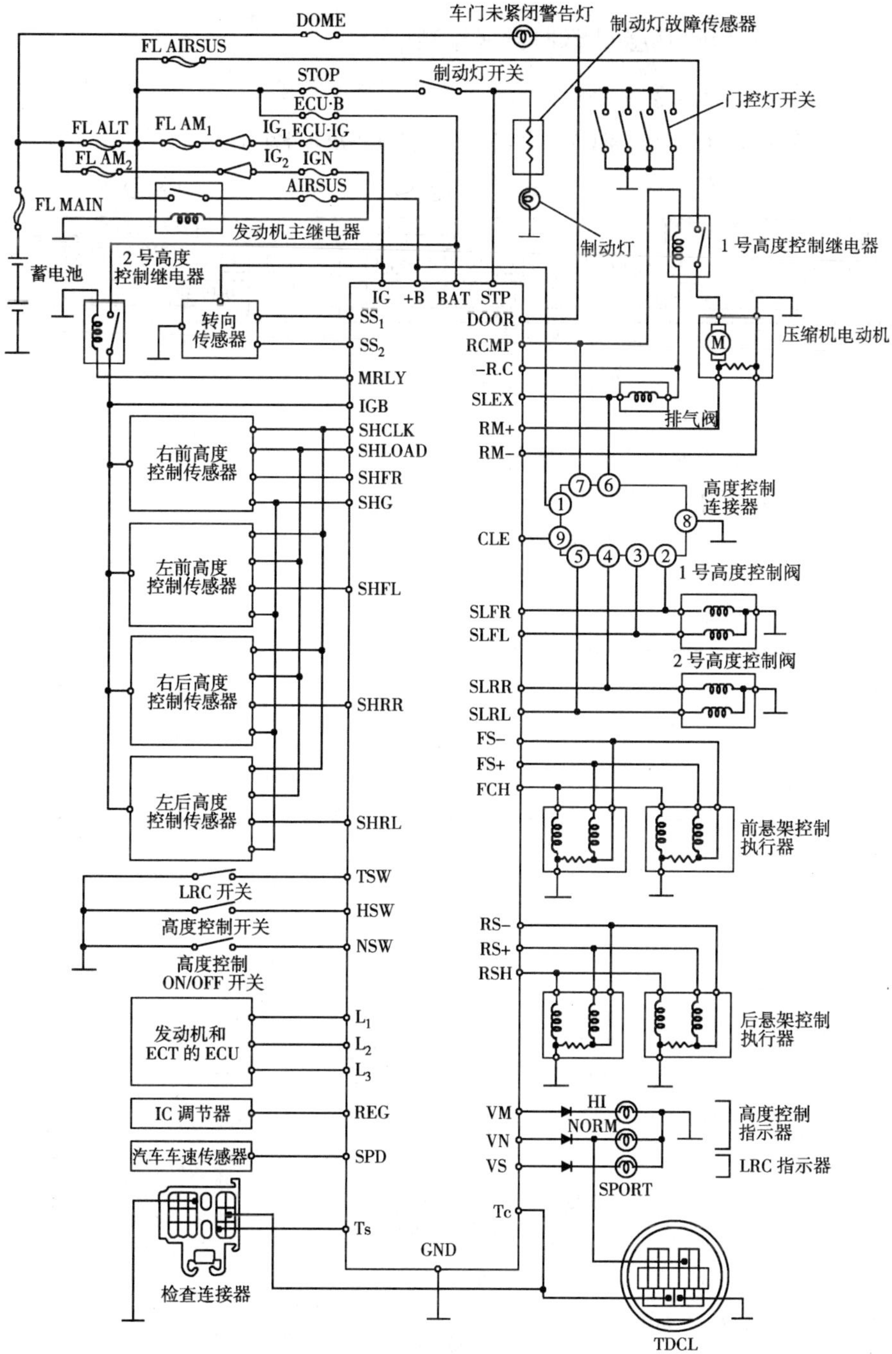

图 3-2　凌志 LS400 电控悬架系统电路总图

二、凌志 LS430 悬架 ECU 端子检测

1. ECU 端子的定义

凌志 LS430 悬架 ECU 端子(插脚)排列见图 3-3。

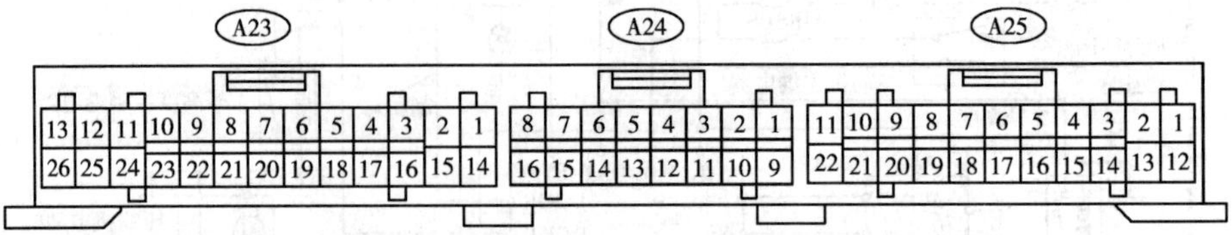

图 3-3　凌志 LS430 悬架 ECU 端子排列

1～26-端子序号

2. ECU 端子的标准电压值或电阻值

ECU 端子的标准电压或电阻值见表 3-2。

凌志 LS430 悬架 ECU 端子标准电压(电阻值)　　　　表 3-2

项目序号	代号(端子编号)	检测条件	标准电压(V)或电阻值(Ω)
1	FAR+(A23-1)与 FAR-(A23-2)	IG 开关 ON	导通
2	FBR+(A23-3)与 FBR-(A23-4)	IG 开关 ON	导通
3	SHFR(A23-6)与 GND(A25-22)	IG 开关 ON	0.5～4.5
		发动机空转,高度控制开关在 NORM 位置	大约 2.5
4	SHFR(A23-7)与 GND(A25-22)	IG 开关 ON	0.5～4.5
		发动机空转,高度控制开关 NORM	大约 2.5
5	SBR1(A23-10)与 GND(A25-22)	IG 开关 ON	4.5～5.5
6	SBL1(A23-11)与 GND(A23-22)	IG 开关 ON	4.5～5.5
7	FAL+(A23-12)与 FAL-(A23-13)	IG 开关 ON	导通
8	SLRL(A23-12)与 GND(A25-22)	IG 开关 ON	1 以下
		发动机空转,高度控制开关从 NORM 转换到 HIGH,或按相反方向转换	8 或更高

续上表

项目序号	代号(端子编号)	检测条件	标准电压(V)或电阻值(Ω)
9	SLRR(A23-15)与 GND(A25-22)	IG 开关 ON	1 以下
		发动机空转,高度控制开关从 NORM 转换到 HIGH,或按相反方向转换	8 或更高
10	HSW(A24-16)与 GND(A25-22)	IG 开关 ON,高度控制开关在 NORM 位置	10~14
		IG 开关 ON,高度控制开关在 NORM 位置	1.5 以下
11	SGL1(A23-17)与 GND(A25-22)	始终	导通
12	SGR1(A23-18)与 GND(A25-22)	始终	导通
13	SGFL(A23-20)与 GND(A25-22)	IG 开关 ON,使车辆保持静止,无垂直方向的运动,将这状态保持 1s	大约 2.5
14	SGFR(A23-21)与 GND(A25-22)	IG 开关 ON,使车辆保持静止,无垂直方向的运动,将这状态保持 1s	大约 2.5
15	RM+(A23-22)与 GND(A23-22)	发动机空转,高度控制开关在压缩器操作期间从 NORM 转换到 HIGH	1 以下
16	SHFR+(A23-7)与 GND(A25-22)	始终	导通
17	L1+(A23-24)与 GND(A25-22)	IG 开关 ON,松开加速踏板	10~14
		IG 开关 ON,松开加速踏板	0~1.5
18	FBL+(A23-26)与 FBL-(A23-25)	IG 开关 ON	导通
19	GHS+(A24-2)与 GND(A25-22)	IG 开关 ON	脉冲发生
20	SS2+(A24-3)与 GND(A25-22)	IG 开关 ON,缓慢转动转向盘	重复 1.5、3.5
21	TACH(A24-4)与 GND(A25-22)	发动机在行驶条件下	1~12 以下
22	RC(A24-5)与 GND(A25-22)	IG 开关 ON	1 以下
		发动机空转,高度控制开关在压缩器操作期间从 NORM 转换到 HIGH	8 或更高
23	SLEX(A24-6)与 GND(A25-22)	IG 开关 ON	1 以下
		发动机空转,高度控制开关从 NORM 转换到 HIGH	8 或更高
24	SLFR(A24-7)与 GND(A25-22)	IG 开关 ON	1 以下
		发动机空转,高度控制开关从 NORM 转换到 HIGH 或按相反方向转换	8 或更高

续上表

项目序号	代号(端子编号)	检测条件	标准电压(V)或电阻值(Ω)
25	SLFL(A24-8)与GND(A25-22)	IG 开关 ON	1 以下
		发动机空转,高度控制开关从 NORM 转换到 HIGH 或按相反方向转换	8 或更高
26	T_D(A24-9)与GND(A23-22)	IG 开关 ON,将 DLC3 的端子 OPB 与 CG 断开	10 ~ 14
27	CHS-(A24-10)与GND(A23-20)	IG 开关 ON	脉冲发生
28	SS2-(A24-11)与GND(A25-22)	IG 开关 ON,缓慢转动转向盘	重复 1.5、3.5
29	FR0(A24-12)与GND(A25-22)	车速为 20km/h 或更高	脉冲发生
30	VT(A24-13)与FBL-(A23-25)	IG 开关 ON,减振器控制开关在 SPORT 位置	1 以下
31	VH(A24-14)与GND(A25-22)	IG 开关 ON,高度控制开关在 HIGH 位置	1 以下
32	SW1(A24-15)与GND(A25-22)	发动机空转,减振器控制开关在 NORM 位置	10 ~ 14
		发动机空转,减振器控制开关在 NORM 位置	0 ~ 1.5
33	RBR+(A25-1)与RBR-(A25-2)	IG 开关 ON	导通
34	RAL+(A25-3)与RAL-(A25-4)	IG 开关 ON	导通
35	RBL+(A25-5)与RBL-(A25-6)	IG 开关 ON	导通
36	SBL2(A25-7)与GND(A25-22)	IG 开关 ON	4.5 ~ 5.5
37	SHRR(A25-8)与GND(A25-22)	IG 开关 ON	0.5 ~ 4.5
		发动机空转,减振器控制开关在 NORM 位置	大约 2.5
38	SHRL(A25-9)与GND(A25-22)	IG 开关 ON	0.5 ~ 4.5
		发动机空转,减振器控制开关在 NORM 位置	大约 2.5
39	SHRK2(A25-10)与GND(A25-22)	始终	导通
40	B(A25-11)与GND(A25-22)	IG 开关 ON	10 ~ 14
41	RAR+(A25-13)与RAR-(A25-12)	IG 开关 ON	导通
42	SBR3(A25-17)与GND(A25-22)	IG 开关 ON	4.5 ~ 5.5
43	SBR2(A25-18)与GND(A25-22)	IG 开关 ON	4.5 ~ 5.5
44	SGRR(A25-19)与GND(A25-22)	IG 开关 ON,使车辆保持静止,无垂直方向的运动,将这一状态保持 1s	大约 2.5
45	SGR3(A25-20)与GND(A25-22)	始终	导通
46	SGL2(A25-21)与GND(A25-22)	始终	导通
47	GND(A25-22)与 Body ground	始终	导通

3. LS430 电控悬架的特点

LS430 电控悬架在 LS400 电控悬架的基础上进行了改进，主要体现在以下 5 个方面：

① 4 个车身高度传感器采用滑动电阻式，不同于 LS400 采用的光电式。

② 在汽车的右前、左前、后部 3 个位置装备有 3 个加速度传感器，而不同 LS400 那样从节气门位置传感器信号间接获取加速度信号。

③ 悬架控制执行器通过步进电动机改变悬架的软硬状态，可将悬架的软硬程度细分 9 种不同状态，控制更为精确。

④ 悬架 ECU 与防侧滑控制 ECU 进行通信联系，获取包括车速信号、制动灯开关信号、门控灯开关信号在内的一些信号。

⑤ 从发动机和 ECT 的 ECU 获取发动机转速信号。

课题二　电 路 检 测

一、根据故障征兆对电路进行检查

电控悬架系统的主要故障有：阻尼不能调节、刚度不能调节、车身高度不能调节等，根据故障的征兆，可以按表 3-3 列出的检查次序对电路逐步检查。

二、电路检测

1. 车身高度传感器电路

车身高度传感器电路见图 1-17。

(1) 车身高度传感器电路检测项目

车身高度传感器电路检测项目如表 3-4 所列。

(2) 故障分析

① 右前、左前、右后、左后 4 个车身高度传感器电路开路或短路，将出现故障代码 11、12、13、14。

② 车身高度传感器及其电路出现故障后，汽车车身高度控制不正常。

③ 传感器的连杆长度调整不当，导致汽车车身高度调整的变化不规则。

故障征兆的诊断表 表 3-3

征兆	怀疑部位	车身高度传感器	悬架控制执行器电路	高度控制阀、排气阀电路	1号高度控制继电器电路	压缩机电动机电路	高度控制ON/OFF开关	悬架控制执行器电源电路	汽车高度控制电源电路	调节器电路、发电机电路	LRC开关电路	高度控制开关电路	停车灯开关电路	转向传感器电路	节气门位置信号电路	车速传感器电路	门控灯开关电路	Ts端子电路	Tc端子电路	高度控制传感器连接杆	空气泄漏	气压缸/减振器	悬架ECU
减振力和弹簧刚度控制失灵	不管怎样操作LRC开关，LRC指示灯的状态不变										1												2
	减振力和弹簧刚度控制几乎不起作用		1					6			4						2	3				5	7
	只有防侧倾控制不起作用													1									2
	只有防后坐控制不起作用														1								2
	只有防点头控制不起作用												1			2							3
	只有高车速控制不起作用															1							2
汽车高度控制失灵	高度控制指示灯的亮灯位置不随高度控制开关的动作变化	4							3	2	1												5
	汽车高度控制功能不起作用	5					4		2	1		3											6
	只有高车速控制不起作用															1							2
	汽车高度出现不规则变动	2																				1	3
	汽车高度控制起作用，但汽车高度不均匀			1																	2		
	汽车高度控制起作用，但汽车高度高或低（汽车高度在NORM状态时，高度与标准值不符）																				1		

续上表

征兆 \ 怀疑部位		车身高度传感器	悬架控制执行器电路	高度控制阀、排气阀电路	1号高度控制继电器电路	压缩机电动机电路	高度控制ON/OFF开关	悬架控制执行器电源电路	汽车高度控制电源电路	调节器电路、发电机电路	LRC开关电路	高度控制开关电路	停车灯开关电路	转向传感器电路	节气门位置信号电路	车速传感器电路	门控灯开关电路	Ts端子电路	Tc端子电路	高度控制传感器连接杆	空气泄漏	气压缸/减振器	悬架ECU
汽车高度控制失灵	当调整汽车高度时,汽车处于非常高或非常低的位置	1																					
	即使高度控制ON/OFF开关在OFF位置时,汽车高度控制仍起作用						1																2
	点火开关OFF控制不起作用							2									1						3
	即使在车门打开时,点火开关OFF控制仍有作用																1						2
	汽车驻车时汽车高度非常低																				1	2	
	点火开关断开时压缩机电动机仍运转				2	3															1		4

注:表中的数字表示电路检查的次序。

车身高度传感器电路检测项目 表3-4

序号	检测项目	结果
1	接通点火开关,检测4个车身高度传感器的1号端子电压,并往上追溯检查2号高度控制继电器、熔断丝电压	均为12V
2	用数字万用表直流电压挡检测SHFR、SHFL、SHRL、SHRR端子的信号电压	0.9~1.5V
3	用汽车专用示波器检测SHFR、SHFL、SHRL、SHRR信号输入端子波形	矩形方波

续上表

序号	检测项目	结果
4	用数字万用表通断挡(或电阻挡)检查各电路连线、连接器等是否连接可靠	导通 (电阻0Ω)
5	换上一只性能良好的车身高度传感器,故障症状消除,说明车身高度传感器有故障	更换

2. 悬架控制执行器电路

悬架控制执行器电路见图1-22。

(1) 悬架控制执行器电路检测项目

悬架控制执行器电路检测项目如表3-5所列。

悬架控制执行器电路检测项目 表3-5

序号	检测项目	结果
1	测量悬架控制执行器电阻:1和2号端子、3和4号端子、2和4号端子之间的电阻值	1-2号间和3-4号间电阻值均为3~6Ω; 2-4号间电阻值为2.3~4.3kΩ
2	拆下悬架控制执行器,接通点火开关,LRC开关分别拨至SPORT和NORM侧时,察看控制减振器旋转滑阀杆和空气阀杆的两个执行器工作情况	两个阀杆应转过60°角
3	拔出悬架执行器连接器,直接在执行器1-2号、2-1号、3-4号端子间施加蓄电池电压,检查悬架控制执行器工作情况(检查时间应在1s内完成)	两个阀杆均转过一定角度,分别执行"硬"、"中"、"软"控制
4	用数字万用表通断挡(或电阻挡)检查各电路连线、连接器等是否连接可靠	导通 (电阻0Ω)

(2) 故障分析

① 前、后悬架控制执行器电路开路或短路,将出现故障代码21、22。

② 悬架控制执行器失效时,不能改变减振器的阻尼和空气弹簧的刚度,防侧倾、防点头、防后仰等的控制将不正常。

3. 高度控制阀和排气阀电路

高度控制阀和排气阀电路见图 1-26 所示。

（1）高度控制阀和排气阀电路检测项目

高度控制阀和排气阀电路检测项目如表 3-6 所列，高度控制连接器的端子连接情况见表 3-7。

高度控制阀和排气阀电路检测项目 表 3-6

序号	检 测 项 目	结 果
1	测量电阻：1 号高度控制阀的 1-3 号、2-3 号端子，2 号高度控制阀的 1-4 号、2-4 号端子，排气阀的 1-2 号端子之间的电阻值	9～15Ω
2	脱开各阀的连接器，在上述端子之间施加蓄电池电压时，高度控制阀和排气阀工作情况	有“喀哒”的工作声
3	接通点火开关，检查当高度控制连接器的 1、2、3、4、5、6、7 号端子被连接时汽车高度的变化	变化应符合表 3-7
4	用数字万用表通断挡（或电阻挡）检查各电路连线、连接器等是否连接可靠	导通（电阻值 0Ω）

高度控制连接器的端子连接（●——●表示接通） 表 3-7

高度 \ 端子	1	2	3	4	5	6	7
右前汽车高度上升	●		●				●
左前汽车高度上升		●	●				●
右后汽车高度上升	●			●			●
左后汽车高度上升	●				●		●
右前汽车高度下降	●		●				●
左前汽车高度下降	●			●			●
右后汽车高度下降	●						●
左后汽车高度下降	●					●	●

（2）故障分析

① 1 号高度控制阀电路开路或短路时将出现故障代码 31，2 号高

度控制阀(后右悬架)电路开路或短路时将出现故障代码33,2号高度控制阀(后左悬架)电路开路或短路时将出现故障代码34,排气阀电路开路或短路时将出现故障代码35,出现有上述故障代码时,就不执行减振器阻尼、弹簧刚度和车身高度的控制。

② 当高度控制阀和排气阀机构本身出现故障时,高度控制及空气弹簧刚度控制将不正常。

4. 1号高度控制继电器电路

1号高度控制继电器的电路如图3-4所示。

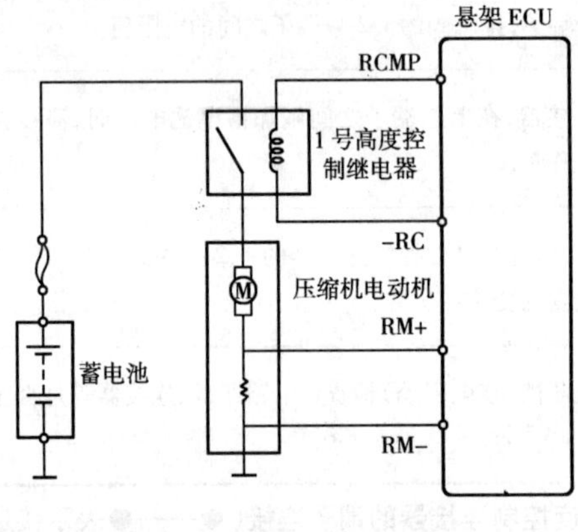

图3-4 1号高度控制继电器电路

(1) 1号高度控制继电器电路检测项目

1号高度控制继电器电路检测项目如表3-8所列。

1号高度控制继电器电路检测项目 表3-8

序号	检 测 项 目	结 果
1	测量线圈3与4号端子间电阻值(RCMP与-RC端子间电阻值)	50~100Ω
2	继电器1-2号端子间呈断路	电阻∞
3	在端子3-4号之间施加蓄电池电压后,再检查端子1-2号之间导通情况	导通
4	用数字万用表通断挡(或电阻挡)检查各电路连线、连接器等是否连接可靠	导通(电阻0Ω)

(2) 故障分析

①1号高度控制继电器电路开路或短路将出现故障代码41。

② 出现故障代码41后,压缩机不能正常工作,车身高度控制、弹簧刚度控制不正常。

5. 压缩机电动机电路

压缩机电动机电路见图 1-24 所示。

(1) 压缩机电动机电路检测项目

压缩机电动机电路检测项目如表 3-9 所列。

压缩机电动机电路检测项目　　表 3-9

序号	检测项目	结　果
1	脱开压缩机电动机连接器,在端子 1 接蓄电池正极(+),端子 2 接蓄电池负极(-),检查压缩机电动机工作情况	压缩机电动机运转
2	拔下悬架 ECU 连接器,用万用表电阻挡检查 RM+与 RM- 端子之间电阻	电阻很小(导通)
3	当压缩机正常工作时,用万用表直流电压挡测量端子 RM+与搭铁间的电压	1V 以内
4	接通点火开关,将高度控制连接器的 1 与 7 号端子连接,观察压缩机电动机是否运转(注意:采用这种方法强迫运转时,ECU 的存储器中会存入故障代码 41,操作完后要清除掉故障代码 41)	压缩机运转
5	检查 1 号高度控制继电器电路	参见 1 号高度控制继电器电路检测项目(表 3-8)
6	用数字万用表通断挡(或电阻挡)检查各电路连线、连接器等是否连接可靠	导通 (电阻 0Ω)

(2) 故障分析

① 压缩机电动机短路将出现故障代码 42。

② 当空气压缩机及其电路出现故障时,无压缩空气产生,汽车将不能执行高度控制功能。

③ 若通过 1 号高度控制继电器驱动压缩机的电流持续时间在 8.5min以上时,ECU 就会设置故障代码 51,由于压缩机的溢流压力为 0.98MPa,如果试图在陡坡上或在汽车超载时进行高度控制,压缩机电动机就会连续运转以使汽车高度上升,因而要使通过 1 号高度控制继电器的电流持续时间超过 8.5min 以上,这样,可能会输出故障代码 51,并可能会停止执行汽车高度控制以及减振器阻尼、弹簧刚度的控制,这种情况并非不正常,如果在这种情况下,将点火开关关断约 70min 后再将点火开关接通时,则汽车高度控制及减振器阻尼、弹簧刚度控制功能又能重新恢复正常。

出现故障代码 51 时,应检查以下几个方面:

① 按故障代码42的方法检查压缩机电动机电路。

② 检查空气管路是否漏气。

③ 检查高度控制阀是否卡住在关闭状态,排气阀是否卡住在开启状态(检查工作声),若发现不正常,应修理或更换高度控制阀、排气阀。

④ 调整车身高度传感器连接杆,如果调整后故障消失,表明应调整车身高度传感器连接杆。若故障仍存在,应检查、修理或更换引起故障的零件:如空气管阻塞、压缩机有故障、溢流阀有故障、车身高度传感器失灵、有杂质进入高度控制阀、排气阀以及ECU失灵等。

6. 高度控制开关电路

高度控制开关设置在车尾行李舱左侧,其电路图见图3-5所示。

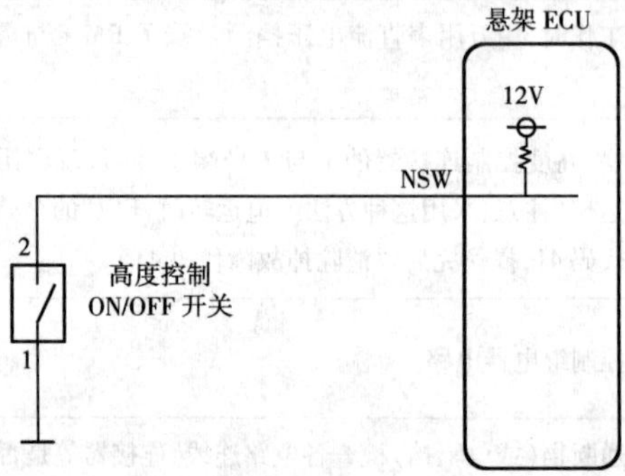

图3-5 高度控制开关电路

1、2-高度控制ON/OFF开关接线端子序号

(1)高度控制开关电路检测项目

高速控制开关电路检测项目如表3-10所列。

高度控制开关电路检测项目 表3-10

序号	检 测 项 目	结 果
1	用数字万用表通断挡(或电阻挡)检查开关与ECU、搭铁之间的连线和连接器是否正常可靠	导通(电阻0Ω)
2	检查悬架ECU端子NSW与搭铁之间电压:接通点火开关,当高度控制开关在ON位置时和在OFF位置时的电压	在ON位置时为蓄电池电压;在OFF时电压0 V
3	拔下高度控制开关的连接器,测量开关连接器1和2号端子之间电阻	开关在ON位置时电阻∞Ω;开关在OFF位置电阻0Ω
4	检查高度控制开关是否损坏	好

（2）故障分析

① 当高度控制开关在 OFF 位置，开关电路有短路现象时，则 ECU 设置故障代码 71，或开关电路在 ON 位置电路开路时，会出现故障代码 71。

② 检修故障代码 71 时，应先连接 TDCL 或检查连接器的端子 Tc 和 E_1，并操作点火开关，若在 ON 位置时，不输出故障代码 71，若在 OFF 位置时系统不执行车身高度控制，但输出故障代码 71，这种情况属于正常。

7. 悬架控制执行器电源电路

悬架控制执行器电源电路如图 3-6 所示。

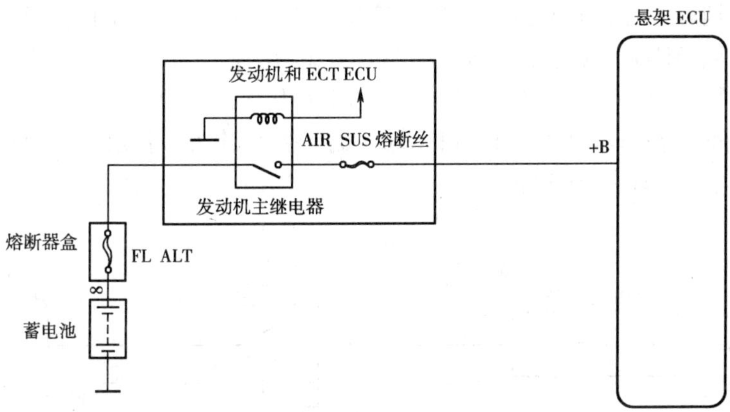

图 3-6 悬架控制执行器电源电路

（1）悬架控制执行器电源电路检测项目

悬架控制执行器电源电路检测项目如表 3-11 所列。

悬架控制执行器电源电路检测项目 表 3-11

序号	检 测 项 目	结 果
1	接通点火开关，检测悬架 ECU 端子 +B 与搭铁之间的电压	12V
2	检查发动机主继电器、熔断丝	正常可靠
3	用数字万用表通断挡（或电阻挡）检查各电路连线、连接器等是否连接可靠	导通（电阻值 0Ω）

（2）故障分析

① 悬架控制执行器电源电路开路或熔断丝熔断将出现故障代码

72，即表示点火开关在 ON 位置时 ECU 的端子 +B 上无蓄电池电压。

② ECU 设置故障代码 72 后，停止执行减振器阻尼和弹簧刚度的控制。

8. 汽车高度控制电源电路

汽车高度控制电源电路见图 3-7 所示，当接通点火开关时，蓄电池电压作用到悬架 ECU 的端子 IG 上，这时 ECU 内的 2 号高度控制继电器控制电路将电信号送至端子 MRLY，使 2 号高度控制继电器线圈有电流通过，致使 2 号高度控制继电器的开关触点闭合。这时蓄电池电压另外作用在 ECU 端子 IGB 上，IGB 是驱动高度控制阀所用的电源，而 IG 是悬架控制指示灯的电源。此外，ECU 通过检测端子 IG 的电压判断点火开关的通、断状态，当点火开关关断时，ECU 仍能维持电源从 MRLY 送至 2 号高度控制继电器一定的时间，以便悬架 ECU 进行点火开关的关断控制，即在断开点火开关后，因乘员和行李的变化而使汽车高度大于目标高度时，能使汽车高度降到目标高度，改善汽车驻车时的姿势。

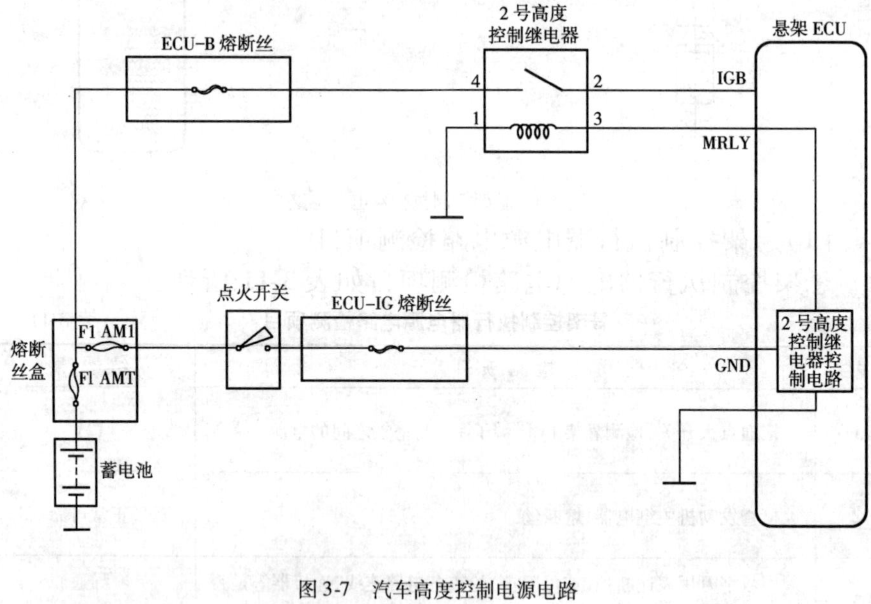

图 3-7 汽车高度控制电源电路

（1）高速控制电源电路检测项目

高度控制电源电路检测项目如表 3-12 所列。

高度控制电源电路检测项目 表 3-12

序号	检 测 项 目	结 果
1	当接通点火开关时,检测悬架 ECU 端子 IGB 与 GND(搭铁)之间的电压	12V
2	用数字万用表通断挡(或电阻挡)检测 ECU 端子 GND 是否可靠搭铁	导通（电阻 0Ω）
3	接通点火开关,检测 ECU 端子 IG 与搭铁之间的电压	12V
4	接通点火开关,检测悬架 ECU 端子 MRLY 与搭铁之间电压	12V
5	检查 ECU-IG 熔断丝、ECU-B 熔断丝是否熔断	正常
6	用数字万用表通断挡(或电阻挡)检查各电路连线、连接器等是否连接可靠	导通（电阻 0Ω）

(2) 故障分析

① 若悬架 ECU 的端子 IG 无 12 V 电压,2 号高度控制继电器不能闭合,车身高度控制将不正常。

② 即使 2 号高度控制继电器闭合,悬架 ECU 的端子 IGB 无12V,不能供给高度控制所用电源,车身高度控制将不正常,这时应往上追溯检查熔断丝和蓄电池。

③ 端子 IG 无 12 V 电压,悬架控制指示灯将无电源供给。

9. 转向传感器电路

转向传感器电路见图 1-15 所示。

(1) 转向传感器电路检测项目

转向传感器电路检测项目如表 3-13 所列。

(2) 故障分析

转向传感器出现故障时,就不能正确地检测到汽车转向盘转弯的方向和转向的角度,悬架的阻尼和刚度调整将不正常,防侧倾控制不起作用。

转向传感器电路检测项目 表 3-13

序号	检 测 项 目	结　果
1	接通点火开关,检测传感器 1 号端子电压	12V
2	用数字万用表通断挡(或电阻挡)检查传感器的 2 号端子是否可靠搭铁	导通 (电阻 0Ω)
3	接通点火开关,缓慢转动转向盘,检测端子 SS1、SS2 与搭铁之间的电压	0 ~ 5V 之间变化
4	脱开转向传感器与 ECU 接线的连接器,在 1 与 2 号端子间施加 12V 电压,缓慢转动转向传感器旋转件,直接测量传感器 3、4 号端子与搭铁 2 号端子间的电阻值	0 ~ ∞ Ω 之间变化
5	操纵转向盘,通过观察高度控制 NORM 指示灯的点亮状态来判断转向传感器信号是否正确地输入 ECU	符合表 2-2 要求
6	用数字万用表通断挡(或电阻挡)检查各电路连线、连接器等是否连接可靠	导通 (电阻 0Ω)

10. IC 调节器电路

IC 调节器电路如图 3-8 所示,当发动机熄火时,发电机不发电,悬架 ECU 端子 REG 上的电压很低,当发动机运转时发电机发电,端子 REG 上的电压较高。这样悬架 ECU 就能检测到发电机的发电状态,而且只有在发电机处于发电状态时 ECU 才能控制汽车高度。

(1) IC 调节器电路检测项目

IC 调节器电路检测项目如表 3-14 所列。

IC 调节器电路检测项目 表 3-14

序号	检 测 项 目	结　果
1	检查放电警示灯的工作情况,放电警示灯在驾驶室仪表板上,当发动机停机时警示灯应亮(点火开关接通),发动机运转时警示灯应灭	充电正常
2	用数字万用表通断挡(或电阻挡)检查各电路连线、连接器等是否连接可靠	导通 (电阻值 Ω)

(2)故障分析

发电机不发电时，车身高度控制不工作。

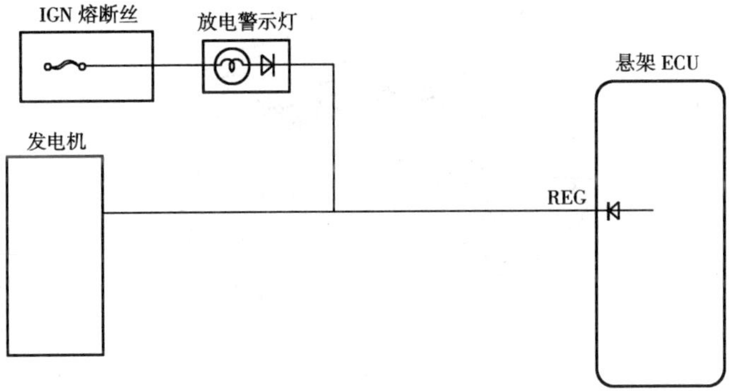

图 3-8　IC 调节器电路

11. 悬架控制开关电路

悬架控制开关包括 LRC 开关和车身高度控制开关，它们均安装在驾驶室内变速器操纵杆旁，如图 3-9 所示。LRC 开关用于选择减振器阻尼、弹簧刚度的参数，当 LRC 开关处于 SPORT（运动）位置时，减振器阻尼处于“中”状态，悬架刚度处于“硬”状态；当 LRC 开关处于 NORM（常规）位置时，减振器阻尼处于“软”状态，悬架刚度处于“软”状态。

车身高度控制分为常规（NORM）和高（HIGH）两种控制模式，当开关在 NORM（常规）时，车辆高度设置为标准；当开关在 HIGH（高）时，车辆高度设置为高。

LRC 开关和车身高度控制开关电路如图 3-10 所示。当 LRC 开关拨至 SPORT 侧时接通，拨至 NORM 侧时关断。当车身高度控制开关拨到 HIGH 侧时接通，拨到 NORM 侧时关断。

(1)悬架控制开关电路检测项目

悬架控制开关电路检测项目如表 3-15 所列。

(2) 故障分析

当 LRC 开关或车身高度控制开关失灵（常开或常闭）时，减振器阻尼和悬架刚度控制并不一定固定在“软”、“中”、“硬”某一位置，车高也不一定固定在“高”、“中”、“低”某一位置，例如在高车速时，仍然能对阻尼力、刚度和车高进行自动控制。

图 3-9　控制开关

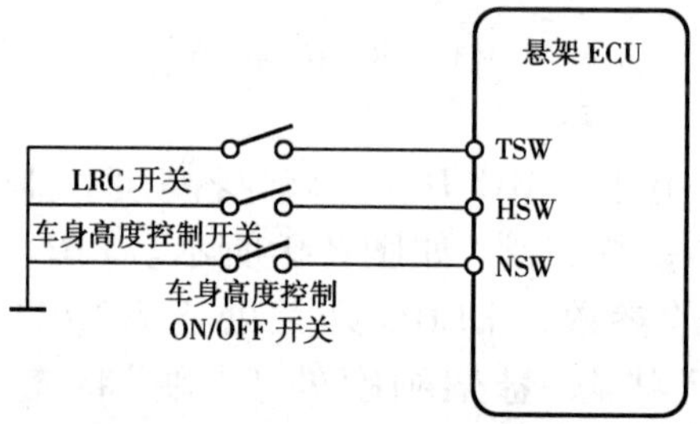

图 3-10　悬架控制开关电路

悬架控制开关电路检测项目　　表 3-15

序号	检 测 项 目	结　　果
1	接通点火开关，检测 LRC 开关连接 ECU 的端子 TSW 与搭铁之间的电压	LRC 开关在 NORM 侧时 12V；置于 SPORT 侧时 0V
2	用数字万用表通断挡检查 LRC 开关通断情况	在 NORM 侧时关断；在 SPORT 侧时接通
3	接通点火开关，检测车身高度控制开关连接 ECU 的端子 HSW 与搭铁之间的电压	在 NORM 侧时 12V；在 HIGH 侧时 0V
4	用数字万用表通断挡（或电阻挡）检查车身高度控制开关通断情况	在 NORM 侧时关断；在 HIGH 侧时接通
5	用数字万用表通断挡（或电阻挡）检查各电路连线、连接器等是否连接可靠	导通（电阻值 0Ω）

12. 门控灯开关电路

门控灯开关电路如图 3-11 所示，当车门打开时，门控灯开关接通；车门关闭时，门控灯开关断开。当所有车门全部关闭时，蓄电池电压施加到ECU的DOOR端子上，DOOR端子电压为蓄电池电压，当只要有一扇车门打开时，该端子上的电压为0V。当ECU检测到车门打开的信号时，它便中止车身高度控制项目中的“点火开关关断控制”。

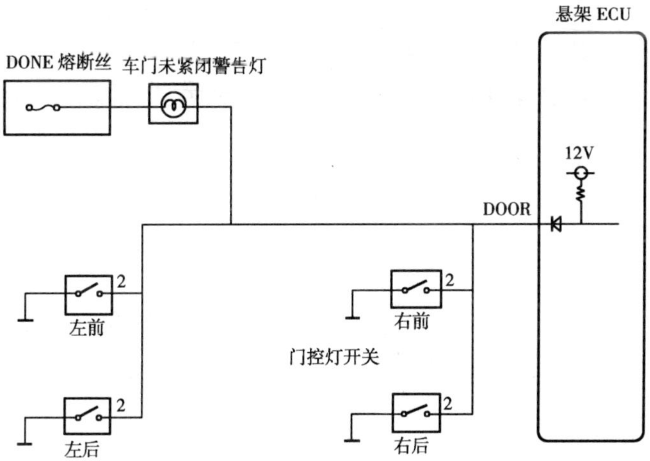

图3-11　门控灯开关电路

（1）门控灯开关电路检测项目

门控灯开关电路检测项目如表3-16所列。

门控灯开关电路检测项目　　表3-16

序号	检 测 项 目	结　果
1	车门未紧闭时警告灯的工作情况	只要有一扇车门打开，警告灯亮；所有车门关闭，警告灯熄灭
2	检查门控灯信号是否正常地输入ECU。按表2-2所列的方法通过检查所有车门关闭和打开的情况下，高度控制NORM指示灯的点亮状态来判断	符合表2-2所列要求
3	接通点火开关，测量所有车门都关闭和每扇车门打开时，悬ECU端子DOOR与搭铁之间的电压	所有车门关闭时12V；有一扇以上车门打开时0V
4	用数字万用表通断挡（或电阻挡）检查各电路连线、连接器等是否连接可靠	导通（电阻值0Ω）

(2) 故障分析

当 DOME 熔断丝熔断时,ECU 端子 DOOR 始终不会有电压,汽车的点火开关关断控制功能将不起作用,当停车断开点火开关后,因乘客和行李的变化而使汽车高度大于目标高度时,不能使汽车高度降到目标高度,不能改善汽车驻车时的姿势。

13. Tc 端子电路

当将检查连接器或 TDCL 的端子 Tc 与 E_1 连接时,高度控制 NORM 指示灯能显示 ECU 中存储的故障代码,Tc 端子电路如图 3-12 所示。

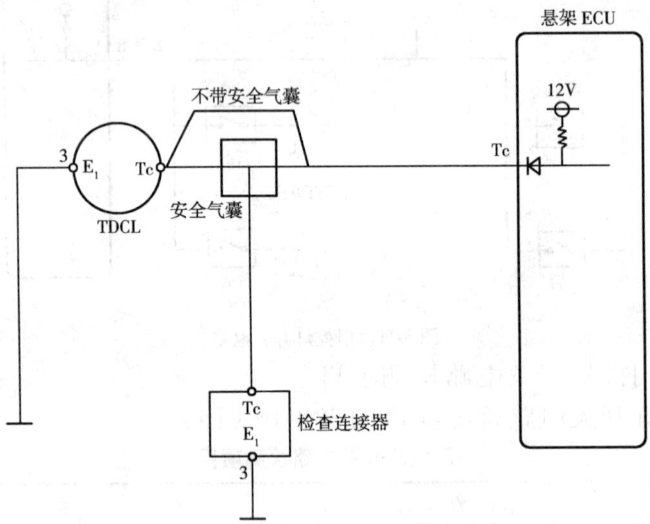

图 3-12 Tc 端子电路

Tc 端子电路检测项目如表 3-17 所列。

Tc 端子电路检测项目 表 3-17

序号	检测项目	结果
1	接通点火开关,检测 TDCL 或检查连接器端子 Tc 与 搭铁间的电压	12V
2	用数字万用表通断挡(或电阻挡)检测 TDCL 或检查连接器端子 E_1 搭铁是否可靠	导通(电阻值 0Ω)

14. Ts 端子电路

当将检查连接器端子 Ts 与 E_1 相连时,可以进行输入信号检查,Ts 端子电路如图 3-13 所示。Ts 端子电路检测项目如表 3-18 所列。

15. 制动灯开关电路

当踩下制动踏板时制动灯开关接通，蓄电池电压加到 ECU 的 STP 端子上，提供汽车制动信号，ECU 利用这个信号作为防止汽车"点头"控制的一个起始状态，其电路见图 3-2 所示。

制动灯开关电路检测项目如表 3-19 所列。

Ts 端子电路检测项目 表 3-18

序号	检 测 项 目	结　　果
1	接通点火开关，检测检查连接器端子 Ts 与搭铁间的电压	约 10V
2	用数字万用表通断挡（或电阻挡）检测检查连接器端子 E_1 搭铁是否可靠	导通 （电阻值 0Ω）

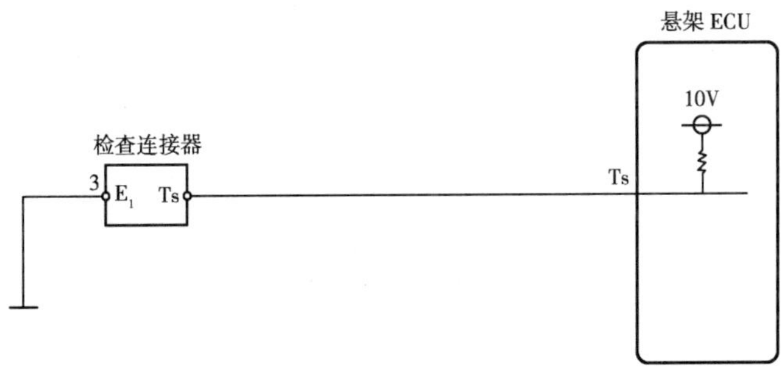

图 3-13　T_s 端子电路

制动灯开关电路检测项目 表 3-19

序号	检 测 项 目	结　　果
1	检查制动灯工作情况	踩下制动踏板时制动灯亮；松开制动踏板时制动灯灭
2	接通点火开关，在松开、踩下制动踏板时，测量 ECU 端子 STP 与搭铁之间的电压	松开制动踏板时电压 0V； 制动踏板踩下时 12V
3	检查制动灯开关信号是否正常地输入 ECU。按第二单元表 2-2 所列的方法，通过检查在踩下制动踏板和松开制动踏板的情况下，高度控制 NORM 指示灯的点亮状态来判断	符合表 2-2 所列要求
4	用数字万用表通断挡（或电阻挡）检测 TDCL 或检查连接器端子 E_1 搭铁是否可靠	导通 （电阻值 0Ω）

参考文献

[1] 崔振民.汽车底盘构造与维修[M].北京:人民交通出版社,2004.

[2] 杨占鹏.怎样维修巡航、电控悬架、电控动力转向系统[M].北京:机械工业出版社,2004.

[3] 解福泉.汽车典型电控系统构造与维修[M].北京:人民交通出版社,2005.

[4] 黄妙华,朱祝英.现代轿车底盘及车身电控系统原理与维修[M].武汉:湖北科学技术出版社,2001.